超一流アスリートのマインドを身につけて

あなたのゴールを達成する!

こころの教育家
菊池教泰

LET'S LEARN
THE MIND POWER
OF THE WORLD'S BEST ATHLETES

開拓社

はじめに

本書を手にとっていただき、ありがとうございます。

超一流のアスリートや指導者とは、いわゆる普通の人とは何が違うのでしょうか。

彼らは、驚異的な身体能力・精神力を発揮し、ときにはまさに人知を超えたような力を発揮します。その力をときには互いにぶつけ合い、協力し合い、あるいは孤高に戦う姿は、私たちに人間の能力のすばらしさを教えてくれます。

では、その能力はどこからくるのでしょうか？

彼らの身体あるいは脳は、先天的に、遺伝的に特別な才能を備えていたのでしょうか？

それとも、私たちもその力を実は持っており、それを使っていないだけなのでしょうか？

本書では、超一流アスリートや指導者たちの能力の秘密について、「認知科学に基づいたコーチング」の観点から紐解《ひもと》いていきます。

現在、私は「パフォーマンス・エンハンスメント・コーチング by Dr Tomabechi & Louis E. Tice」という「認知科学に基づいたコーチング」をベースに、研修や講演を行ったり、「パーソナルコーチング」と呼ばれる1対1のセッションを行っています。

研修や講演、パーソナルコーチングの対象としては、「企業におけるビジネスパーソン」や「スポーツ選手・指導者」「教育委員会の依頼による現役教師」等、様々な方々を対象としています。

私たちは「プロのコーチ」として活動していますが、この「コーチ」という言葉について現在の日本では、よく「野球のコーチ」とか、「サッカーのコーチ」といったように、主に「スポーツ」を対象とした職種であるというとらえ方を、されていると思います。

しかし、私たちはこの一般的に呼ばれているコーチの定義ではない、別の定義で「コーチ」という職業をとらえています。

では、一体「コーチングのプロコーチ」とは何をする人なのか。

それを**「マインド（脳と心）の使い方を教える人」**と定義しています。

私自身がこの「マインド（脳と心）の使い方」を学んだことにより、大きく人生が変革し続けています。

私自身も柔道という分野で日本一に至るまで、様々な成功と失敗に遭遇しましたが、後に認知科学に基づいたコーチング理論に出会ったとき、過去の成功と失敗の理由が整然と理解できるようになったのです。

そして、それまでの自分の枠組みを超え、自分の可能性をさらに発揮する方法を知ったのです。

私はこのコーチング理論を自分で用いるだけではなく、広く多くの人に広めたいという思いから、「コーチングのプロコーチ」という役割を自分の人生に追加しました。

また、私はプロのコーチ以外にも、長年「柔道」に携わったことで、平成24年度より実施された「中学校武道必修化」に伴い、体育授業としての柔道を教える外部講師をしております。

実際に中学校の授業現場において、コーチングを実践することで、生徒たちに大きな変化が現れました。

本書では、認知科学に基づくコーチングの観点から、私が実際に中学校の教育の現場で経験した内容や、私自身の柔道現役時代の経験も踏まえ、トップアスリートの言動と結びつけることで、なるべくみなさんにとって、役立つ内容となることを意識して書かせていただきました。

多くのビジネスパーソンやスポーツ選手・指導者、学校の先生、子を持つ親のみなさんの参考になればと思っています。

中でも、次のような悩みを持つ方には特にお勧めです。

○同じ練習メニューをこなしながら、差が付いてしまう。

○実力は伯仲《はくちゅう》しているはずなのに、なぜかいつも勝利を逃してしまう。

○メンタルが弱くて本番で力が発揮できない…。

また、ビジネスパーソンは対象外なのですが、13歳〜27歳以下の生徒・学生、スポーツ選手・指導者、学校の先生、子を持つ親のみなさんの参考になるという観点で、「Ｐ《ピー》Ｘ《エックス》２《ツー》（http://bwf.or.jp）」という青少年・アスリート対象の次世代教育プログラムを紹介いたします。

アメリカ発の教育プログラムではありますが、アメリカ国内では五輪チームに導入されていますし、ロサンゼルスでは青少年たちをギャングの脅威から守り、凶悪犯罪の低年齢化を抑制し、青少年同士の銃撃事件などの犯罪を激減させることに貢献しています。

このプログラムの普及はアメリカだけにとどまらず、メキシコやラテン・アメリカ諸国での青少年教育改革の一環として利用されるなど、国際的な広がりも見せています。

現在、一般財団法人ＢＷＦインターナショナルが、ＰＸ２の普及に尽力していますが、私は「ＰＸ２国際普及推進部長」という役割のもと、公教育やスポーツの現場にＰＸ２を広めるべく、この活動を仲間たちとともに、ボランティアで行っております。

本書が、この「ＰＸ２」をみなさんに広く知っていただくきっかけとなることも、期待したいと思っています。

なお、表紙で「こころの教育家」という肩書きをつけているのは、ビジネスパーソン等、大人に対する教育だけではなく、青少年・アスリート向けの次世代教育プログラムである、このＰＸ２の普及のお手伝いをしていること、もう一つは公益財団法人日本サッカー協会が行っている「ＪＦＡこころのプロジェクト」で小・中学生対象の「夢先生」というのを務めたりしているからです。「ＪＦＡこころのプロジェクト」および「夢先生」については本文中でご説明します。

アメリカから世界へ広がり、スポーツのみならずビジネスの世界でも爆発的な広がりを見せているこの最先端のコーチングメソッドをこれから紹介していきますが、世界の中でまったく同じ声の人がいないように、世界中に一人として同じ人はいません。

世界に一人しかいないあなたが、自分らしく輝く、本書がそのきっかけになれば幸いです。

CONTENTS

第1章 どんなゴールを設定すればいいか

第3章 未来の記憶、アファメーション、ビジュアライゼーションの活用法

第4章 組織のエフィカシーを高めるには？

最終章 アスリートたちがつくる新しい日本へ ——2020年東京五輪、さらにその先の未来へ向けて

装幀・本文レイアウト　吉原敏文（デザイン軒）
本文ＤＴＰ　株式会社キャップス
編集協力　高橋聖貴
校正　鴎来堂

LET'S LEARN
THE MIND POWER
OF THE WORLD'S BEST ATHLETES

第1章

どんなゴールを設定すればいいか

POINT

今の自分とはかけ離れた遥かなゴールを設定する！

みなさんは、何らかの分野で自分のゴール（目標）を設定しようというとき、「ちょっとがんばれば手の届きそうなゴール」を設定しますか。それとも「今の自分とはかけ離れた遥かなゴール」を設定しますか。

まず、この問いの前に**「ゴールを設定する」**というのはどういうことなのでしょうか。考えてみましょう。

コーチングの世界に「ゴールが先、認識が後」という言葉があります。

例えば、「古くなってきたので新しい洗濯機がほしい！」というゴールを設定したとします。すると、テレビのCMや新聞の折り込み広告等、洗濯機に関する情報が急に目につくようになります。

「おっ、ラッキー、ちょうどよかった」と思われるかもしれません。しかしこれはたまたま運良く、広告のタイミングと合ったということなのでしょうか。

ほかにも、「次の車はBMWにしよう」と思うと、町中にBMWが増えたような印象を受けるでしょう。「あれ、急にBMWが流行り始めたな」なんて思われるかもしれません。

しかし、これらは実は「ゴールを設定する前」からみなさんの前に存在したものであり、(例えば街中のBMWが) 決して増えたわけではないのです。「ゴールを設定する」ことで、「ゴールを達成する手段として認識できるようになった」からこそ、BMWが増えたように感じられるのです。

これは人間には、「見えているのに見えていない (認識できていない)」ものがあるということを意味しています。だからこそ私たち認知科学に基づくコーチングを学んだプロのコーチは、「ゴール設定」が重要だと考えるのです。

POINT

ゴールを設定することで情報の認識が変化する

このことは日々の生活の中で、ゴール設定をしていないために、目の前に重要なことがあっても見逃している可能性があるかもしれないということを意味しています。スポーツの世界で言うならば、「なぜその練習メニューをするのか」というゴールを常に意識して練習している選手と、そうではなく、ただ漫然《まんぜん》と回数をこなすだけの練習をしている選手とでは、後の結果に雲泥《うんでい》の差が出るということです。しかしそのことは、おそらくスポーツ競技を経験された方ならば、想像に難くないのではないでしょうか。

これは、一つには、ゴールを設定することによって先に述べた情報の認識が変化するということです。つまり「この技を出すにはこの筋肉が重要だ」→「この筋肉を鍛えるためのトレーニングだ」→「今、鍛えている筋肉にちゃんと負荷がかかっているか」という認識でとらえられるようになります。同時に、後述しますが、ゴールを設定するということは「今、苦しいけれども試合で勝ちたいのだから、しっかりやろう」という動機付け、意欲、つまり行動のためのエネルギーを生むという点でも重要なことです。

さらにもう一歩踏み込んで考えると、**日本一になるというゴールを決めれば、日本一になるための情報が認識できるようになり、世界一と決めれば世界一になるための情報の認識が始まるということです。**世界一というゴールを設定することでトレーニング中も、街を歩いているときも、世界一になるための情報が入り始めます。

それは仕事でも同じことです。目の前の仕事は一体何のためにしているのでしょうか。ただ単に日々のお金を得るための手段として、仕事をこなしているだけの人と、「世界一の資産家になる資金を作る」というゴールがある人や、「この業界を変える！」というゴールを設定している人では、明らかに成長の速度や、物事の視点が異なってくるでしょう。認識の方向性・スケールが変わるということが、ゴール設定によるパフォーマンスの変化の第一歩なのです。

POINT

「もう少しでゴールする！」と認識すると、ゴールへ向かう力が弱くなる

このことを考えたとき、私は高校時代の恩師である斎藤文雄《ふみお》先生（北海高校柔道部総監督）の言葉を思い出します。斎藤先生はよく、**「練習と稽古の違いについて」**語られていました。「稽古とは、創意工夫をし、内面を磨くもの」であり、「練習とは、ただ単に同じ運動をするだけのもの」と。

つまり、その言葉は稽古においては「ゴール」が存在しない限り、ただ同じ運動を繰り返すだけの「練習」と成りえるということを示唆しています。違う定義を述べられる方もいらっしゃるかもしれませんが、コーチングを学んだ後の今でも、この言葉は私の心に残っています。

この点を踏まえた上で、この章の冒頭にあった「ちょっとがんばれば手の届きそうなゴール」を設定するのがよいのか、それとも「今の自分とはかけ離れた遥かなゴール」を設定するのがよいのかを、考えていきたいと思います。

脳には「もう少しでゴールする！」と認識すると、ゴールへ向かう力が弱くなるというメカニズムがあります。

100メートル走を例にしてみましょう。「もう少しで100メートルのゴール地点だ！」と脳が認識すると、力を失ってしまい、最後は惰性でゴールしてしまいます。

100メートル走ならば、100メートルをさらに越えた先をゴールにしないと、100メートルを「最大の力で走り抜くことができない」のです。

別のたとえでいうと、「空手における突き」でも同じことです。私は柔道出身の人間ですが、たまたま空手の師範と居合わせたときに言われた言葉が、「菊池君、空手においては、例えば相手の胸を拳で突くのなら、胸を狙ってはいけないんだ。相手の胸を超えた遥か先の壁などを狙って打たないと、胸を突く力は最大限に発揮されず、突き抜けないんだよ」と。

だからこそ、私たちコーチは「今の自分とはかけ離れた遥かなゴール」を設定することを推奨しています。

これは、例えば何かスポーツを始める際に、**「最初から世界チャンピオンを目指している人間」と、「とりあえず次の試合に勝つことを目指している人間」とでは、最初からスケールの大きさも、エネルギー感も違う**ということなのです。

仮にボクシングでいうならば、ジャブ一発の練習にしても、次の試合に勝つことだけをゴールにするのであれば、今のジャブで十分であっても、世界チャンピオンをゴールとするならば、まだまだ改良をしていく必要がある、ということで、エネルギーが満ちるのです。

つまり、次の試合はゴールではなく「通過点」にしかすぎなくなるので、試合後もエネルギーが失われることはありません。

「今の自分とはかけ離れた遥かなゴールを設定する」ことで、「少し寄り道をしてもいいか」などと思う暇などなく、「一時《いっとき》も無駄にできない」と思い、ゴールを達成するための高いエネルギーを維持できるのです。

また、「今の自分とはかけ離れた遥かなゴール」とは、「夢」とも言い換えることができます。

この「夢」に関していえば、私は公益財団法人日本サッカー協会が行っている「JFAこころのプロジェクト」で「夢先生」というのを務めています。

これは、いじめや不登校などの問題を抱える子どもが少なくない今、子どもの心身の健全な成長に寄与することを目的に、新旧アスリートが小学校や中学校の教壇に立ち、「夢を持つことのすばらしさ・大切さ」「それに向かって努力することの大切さ」「失敗や挫折に負けない心の強さ」「仲間と協力することの大切さ」などを子どもたちに伝える「夢の教室」という授業を行うものです。

2015年10月20日には「日本野球機構（NPB）の12球団が、日本サッカー協会（JFA）の『こころのプロジェクト』に選手を一斉派遣することが分かった」と「スポニチ・アネックス」で報じられたのをご覧になった方もいらっしゃるかもしれません（また同年11月2日には、阪神・藤浪晋太郎投手等がこのプロジェクトに参加することが発表されたと「日刊スポーツ」などで報じられました)。

子どもの頃から、今の自分とはかけ離れた遥かなゴール、すなわち「夢」を思い描き、それに向かうことは、自身の可能性を開いていく上で、とても大切なことです。

夢先生として、子どもたちの心に「大きな夢」を思い描くことの大切さが、少しでも残ってくれたらという思いで、登壇しています。

参考・ＪＦＡこころのプロジェクト
(http://www.jfa.jp/social_action_programme/yumesen/)

POINT

マイケル・フェルプスやクリスティアーノ・ロナウドはどんなゴール設定をしたか

次に、この「今の自分とはかけ離れた遥かなゴール」を設定するということを超一流アスリートの例から見ていきましょう。

五輪メダル通算獲得数22個、金メダル通算獲得数18個と、ともに五輪の歴代1位記録を打ち立てた、アメリカの水泳選手マイケル・フェルプス選手。彼は、2008年の北京五輪で金メダル8個獲得という偉業を成し遂げました。

しかし、彼のゴールは実は「金メダルを8個獲得する」ことではなかったのを知る人は多くありません。

マイケル・フェルプス選手は、「アメリカではマイナー競技に位置付けられる水泳という競技を、自分という媒体を通して広く世の中に認知してもらうこと、すなわち水泳という競技をメジャーにすること」というゴールを胸に秘め五輪に臨《のぞ》んでいました。これは「金メダルを8個獲得する」ことより、「遥かなゴール」といえます。

彼は「水泳という競技を自分という媒体を通してメジャーにする」という大きなゴールを設定したからこそ、「金メダル8個を獲得すること」を結果として、「突き抜け」ました。金メダルを取ること自体が目標であれば、あの偉業は達成できなかった可能性があるのです。

また、世界的知名度を誇る、サッカーのポルトガル代表、クリスティアーノ・ロナウド（レアル・マドリード）選手の、ゴール設定の発言も参考になります。

国際サッカー連盟（FIFA）がスイスのチューリヒで2014年の世界年間最優秀選手など各賞を発表した際、クリスティアーノ・ロナウド選手は男子最優秀選手「FIFAバロンドール」に選ばれました。これは2年連続3度目の受賞となりました。

授賞式で、クリスティアーノ・ロナウド選手は、

「日々、もっと向上したい。史上最高の選手の一人になりたい」

と口にしたというのです。

彼は、何かの大会で優勝したい等よりも、遥かなゴールといえる「史上最高の選手の一人になりたい」というゴールについて述べています。

サッカー界のこのニュースを受けた形で、日本の本田圭佑選手も負けじと、次のように述べています。

「一選手が取れる点数のリミットを覆し続けている。同じ人間があれを可能にしているので（自分も）不可能と言いたくない。常にああいうところを目指し、今後の日本の若い選

手もやっていくと思う」（参考・「日刊スポーツ・コム」２０１５年1月13日配信の記事）

クリスティアーノ・ロナウド選手が可能としているならば、当然自分もその領域に到達できるはずだという、本田選手の自己イメージ（セルフイメージ）の高さがうかがえます。

この「セルフイメージ」については第2章で詳しく述べていきますが、ゴール達成に非常に重要なポイントなので、ぜひ心にとめておいてください。

POINT

ゴール設定をしたことで「どんな手段があるか」を認識し始めた大谷翔平選手

また、プロ野球・北海道日本ハムファイターズの大谷翔平選手は、２０１４年度のシーズンで、日本球界初の同一シーズン「2けた勝利2けたホームラン（10勝&10本）」を達成しました。この「2けた勝利2けたホームラン」はメジャーリーグを含めても、ベーブ・ルースが13勝11本を記録して以来、96年ぶりという快挙です。

その大谷翔平選手が２０１５年度シーズンに入る前に、あるテレビ番組に出演して行われた対談で、次のような発言をしています。

球速170キロをファンが期待していると対談相手が述べたのに対して、「去年の段階で160キロを何回も投げるとは想像していなかったので、いい意味で自分の期待を裏切ってくれた。そういう意味でもしかしたら可能性はある」

と170キロの可能性に言及し、いわばゴール設定について触れています。

そのゴール設定を自分のものとしてとらえ直したことで、「ゴールを達成するためには、どのような手段があるか」を認識し始めたのです。

同じ対談で、「170キロと20勝、どちらを選ぶ？」と聞かれると、大谷選手は「それは20勝。直接勝ちに直結する」と即答しましたが、2014年のシーズンが10勝であることから、倍の20勝は「遥かなゴール」といえます。

ひょっとすると、そのゴールに向かう過程の中の「通過点」として、170キロも達成される可能性があるのかもしれません。

まだ、誰も挑戦したことのない、大谷選手の未知の領域への挑戦に、ますます目が離せません。

POINT

ゴールは過去の延長上にないものを設定する！

ここまで「今の自分とはかけ離れた遥かなゴールを設定する」ということを述べてきました。ただ、一般的には「ゴールを設定しよう」というとき、「今がこういう状態なのだから、それを加味して、ゴールはこのように設定しよう」という、いわば「過去からの積み上げにより、未来のゴールを設定する」方法を取ることが多いのではないでしょうか。

現在の脳科学の知見によると、人は過去の情報をもととして、認識をしているそうです。つまり、「脳は記憶で見て」おり、今の現実をありのままに見ていません。つまり、私たちが見聞きしている現実とは、記憶の合成であるということがいえるのです。

このことから、ある意味人間は「過去の延長上に生きている＝過去のゴールをもとに生きている」といえるわけで、放っておくと現状は変わりません。

過去の延長上に生きる未来を歩むのであれば、過去に縛られており、明日などいらないということになってしまいます。しかし読者のみなさんも含め、私たちはそうではないはずです。

また、過去の積み上げ式にゴールを設定するということは、世の中は常に変わっており、自分自身も常に新しい知識や経験をすることで変化しているにもかかわらず、「過去に自分をとどめてしまう」結果になりかねません。

全身の細胞は三か月から三年で生まれ変わっていると聞きます。そういう意味からも「昨日の自分は他人」であるといえます。過去からの積み上げでゴールを設定するのは、自分の可能性を閉じ込めてしまっていることになります。

言い換えると、**「今の自分を基準にゴールの大きさを決める必要はない」**ともいえます。早いうちから自らの可能性を切り開いていくために、子どものときから「そのときの自分を基準にゴールの大きさを決める必要はない」のです。

前述した小・中学校で行う「夢の教室」で、授業後に子どもたちが「夢シート」というものに「夢先生の話で、印象に残った言葉など」を書いてくれる部分があります。そこでは私の話を受けて「今の自分で夢（ゴール）の大きさを決めない！」と書いてくれる子どもが多くいます。子どもたちの無限の可能性を切り開いていく観点から、非常にうれしく思います。

POINT

未来の結果に、過去との因果関係はない

このことは別の表現で言えば、「過去は未来の結果にまったく関係ない」といえるのですが、それに関連して、前述したアメリカの水泳選手マイケル・フェルプス選手の話をしたいと思います。

マイケル・フェルプス選手は幼い頃、ＡＤＨＤ（注意欠如《けつじょ》・多動性障害）と診断され、「集中できないダメな子」と周囲から心配されていました。みなさんはそんな話、信じられるでしょうか。

金メダル18個と五輪の歴代1位の記録を打ち立てた、今の姿からは想像できないかと思います。

しかし、彼の姿こそが「人の能力に限界はない」と考える、コーチングの威力を証明し

ています。ちなみに彼は、私たちが普及させている青少年・アスリート対象の次世代教育プログラム「ＰＸ２《ピーエックスツー》」出身です。「過去は未来の結果にまったく関係ない」ということを彼自身が証明してくれています。

スポーツに限らない話ですが、みなさんは、今の「自分の現状」や「他人の現状」を見て、「自分や他人はこれくらいの能力で、ここが限界なのだろう」と過去で勝手に判断していませんか。

マイケル・フェルプス選手が幼い頃に診断されたＡＤＨＤとは、「注意を持続できない」「始めたことをやり遂げない」といった状態を呈すると一般的にはいわれています。子どもの頃、彼は周囲の大人たちから、そのような「レッテル貼り」をされてしまう状況でした。

一方でＡＤＨＤは、天才的な能力を発揮することもあるといわれています。しかし周囲にその可能性は見えておらず、誰もが彼が未来に偉大な業績を上げるなどとは信じられない状況にありました。

彼に限らず、**「誰もが今のその人からは考えられないような、偉大な業績を残す可能性がある」**のです。なぜなら、現代の科学技術をもってしても、正確に人の可能性、潜在的な能力を測定することなど不可能だからです。

「過去は未来の結果にまったく関係ない」。これは「未来の結果に、過去との因果関係はない」ということです。

通常、時間の流れというのは「過去から現在、そして未来に向かって流れている」と思われています。いわば、過去の積み重ねが現在の自分である、ということです。しかし、私たち認知科学に基づくプロのコーチは、**時間は「未来から過去に向かって流れている」**と考えています。

「そんなバカな⁉」と思われるかもしれませんが、例えばこの書籍を読んでいる今、「読む前のみなさんはすでに過去」なのです。

「この書籍を読む」という「未来（ゴール）を設定し、選択した」からこそ、今この書籍を読んでいます。そのように、どんどん過去に向かって時間が流れていっているのです。

ＡＤＨＤと過去に診断されたマイケル・フェルプス選手が、その延長線上で未来を考えていたら、偉大なスイマーにはなれなかったかもしれません。しかし、彼は「過去の延長」ではない、「未来になりたい自分」を「ゴールとして設定し、選択した」からこそ歴史に残るアスリートとなりました。

このように**「マインド（脳と心）の働き」により、「過去や現在の延長線上にない未来をつくっていく」のが「コーチング」**なのです。

みなさんはどのような「未来（ゴール）を設定し、選択する」のでしょうか。「現状や過去、そして他人の評価」に囚《とら》われることなく、マイケル・フェルプス選手のように、「自らが心から望む未来（ゴール）」にフォーカスをすれば、それを実現できるのです。

「今までの自分」は「まだ見ぬ遥か彼方にいる自分」へと変革できる、無限の可能性を秘めている。認知科学に基づくコーチングをお伝えすることで、多くの人にそう感じてもらえたらと思います。

POINT

達成方法がわからないゴールをなぜ達成できるのか？

「過去の積み上げ式でゴールを設定することがなぜダメなのか？」ということについて述べてきました。

「過去の積み上げ式でゴールを設定する」ということは、違う言い方をすれば「達成方法が今わかるゴール」ということです。

先ほどの「100メートル走」の例から考えると、ゴール地点が目に入ってしまうことで、惰性で走っているような状態といえ、これは明らかに「達成するためのエネルギーが不足」している状態だといえます。

私たちが本来持っている潜在能力を発揮していくためには、達成方法が今わからないような、今の自分とはかけ離れた遥かなゴールを設定する必要があるのです。

しかし、ここで読者のみなさんから疑問が出るかもしれません。「そうはいっても、達成方法がわからないものをどうやって達成するんだ？」と。

コーチングに「invent on the way」という言葉があります。これは**「ゴールに向かう過程で、達成するための手段や方法を無意識が開発していく」**ということを意味しています。ゴールに向かう途中で、達成するための手段や方法が「見えてくる」のです。だからこそ、「今見えている手段や方法を積み上げ」て、ゴールを設定しなくてもよいのです。

この「invent on the way」とはいかなるものなのか。これを知っていただく上で、私自身の体験に基づく話をしたいと思います。

私は小学校1年生のときより柔道をしていましたが、実は「小中学校時代」「高校時代」「大学時代」と3つの時代で、それぞれまったく異なった柔道スタイルをしているのです。これは「それぞれの時代のゴールに合わせて、無意識が自分に適した柔道スタイルを開発した」ということができます。

それぞれの時代を振り返りたいと思います。

○小中学校時代は全国大会の予選で1回戦負けするレベルだった

幼少時より私は太っていたのですが、小学校1年生のときの運動会徒競走で、一番ビリだったところを見ていた町道場の先生にスカウトされて、柔道を始めました。

その道場は「登別《のぼりべつ》誠有館《せいゆうかん》有櫛《ありくし》道場」というところで、中学校までこちらの道場に通っていました。ここは、私がこの道場を卒業した後、全国大会優勝を飾った名門です。

ただ、中学校までの私は「柔道においてのゴール」がなく、正直なところ「柔道がとても好き！」という気持ちではなかったように思います。何も考えずに、ただやっているだけという状態であり、支部大会は何とか通過するものの、全国大会の予選となる北海道大会では1回戦負けするレベルの選手でした。

しかし、柔道がその後の私の人生に大きく影響を与えてくれたことは間違いありません。柔道に出会わせてくれ、基本を教えてくださった有櫛勲《いさお》館長には今も感謝しています。

○高校時代に体験した「invent on the way」

高校時代は親元を離れ、「北海道でナンバー1で、全国大会を目指す」高校に進学しました。しかし、高校2年の夏くらいまでは、全国大会の予選となる北海道大会どころか、さらにその手前の支部大会で負けてしまうこともあるような状態でした。

ところが、高校2年の夏のある日、ふと「強い情動」が湧き上がってきたのです。「親に援助してもらいながら一人暮らしをさせてもらっているのに、このまま何も結果を残せずに終わってしまっていいのだろうか」と。

そんなことを思い続けていたところ、あるとき、ふっと閃《ひらめ》きました。

地下鉄の電車の中で、吊り革に摑《つか》まって立っている乗客をモデルにして、今日の稽古の内容を「イメージ」で振り返ろう、と思ったのです。また、通路を歩いている乗客に対しても、技をかけるタイミングをイメージではかったりすることも始めました。

そこからは、地下鉄に乗っているときに「なぜ技がかからないのか」「なぜ投げられたのか」「なぜあのタイプには弱いのか」などといった自分の弱点や失敗について省りみて、それを打開するための仮説を立て、その仮説を証明するために稽古をするというようなサイクルができあがっていきました。そうやってうまくいき続けているものだけをノートに記しておくことで、独自の理論を創り上げていきました。

これこそが、私が高校時代に体験した「invent on the way」——ゴールに向かう途中で手段や方法を開発したということなのです。

このときから「やらされる稽古」から「やる稽古」へと変化しました。別の言い方をすれば、稽古に対してゴールが設定されたことで、稽古内容に対しての**「認知が変わった」**といえます。

それまでは「早く稽古が終わらないかな」などと思っていたのが、「今目の前で起きている情報を一つ残らず取りにいく」という姿勢へと変わったのです。

この「創意工夫の楽しさ」により、柔道が大好きになったのはこの頃からです。

高校時代の恩師、斎藤文雄《ふみお》先生の言葉を借りるならば、この時点までは「ただ単に同じ運動をするだけの練習」だったのが、やっと「創意工夫をし、内面を磨くものである稽古」になっていったのではないかと思います。

そこから急激に強くなったのですが、残念ながらメンタル面の弱さを持っていた私は、支部大会でなら勝つ相手にも、全国大会の予選となる北海道大会では負けるということを繰り返していましたが、やっと「国体」のみ、北海道大会で優勝し、全国大会に出場することができました。

学校の授業の方も、部活動で予習・復習が難しいため、この頃から「授業中にすべて完結」するようなゴール設定を自分で行いました。すると「テスト前は思い出すための復習を行う」というサイクルとなり、卒業時には「優等賞」をいただくことができました。

○大学時代に言われた衝撃的な一言

大学入学のときに上京し、大学の「日本一を目指す」柔道部に入りました。私が高校時代に、柔道の専門誌でよく見かけたスターの先輩たちがたくさん在籍しており、胸をときめかせたものです。

私は運よく1年時に団体戦のメンバーに選ばれ、たまたま東京大会の決勝で起用してもらうことができました。相手は、同学年のインターハイチャンピオンでした。

私としては高校時代、憧れに憧れた日本武道館の檜《ひのき》舞台で闘える喜びにワクワクしていました。勝負の行方よりも、期待に胸をふくらませて試合に臨んでいたと思います。

そこで、高校時代はインターハイにも出場することができなかった私が、同学年のインターハイチャンピオンを倒してしまったのです。

自分でも信じられない気持ちで、試合後、上《うわ》の空となりましたが、なんと次の日の稽古で、膝の靭帯《じんたい》を伸ばす怪我をしてしまいました。

今振り返れば、後述する「この結果を出した自分こそが、本来の自分らしい」という「セルフイメージ（無意識に持つ自分に対するイメージ）」となっていなかったため、「この結果はできすぎだ」という無意識の働きにより、怪我という現象を起こしたのではないかと思っています。


そこからが自分にとっては、試練の日々でした。

約1年間、稽古をしてはまた膝を痛めるということを何度も繰り返し、「もうダメだ」という思いを強くしていきました。また、下には強い後輩が入ってきており、練習試合などでは「負けられない」という思いが強すぎて、極度の緊張から、とんでもない内容の試合をしてしまうことも続きました。

これは、あまり格闘技向きではない自分の性格のせいなんだということで、自身を納得させていました。

また、「マネージャーをやるか」という話も出ていました。今でこそ、運動部のマネージャーは大変優秀な方が多く、出世する方もたくさんいるということをよく知っています。しかし当時の自分としては、1年生でレギュラーだった人間が、マネージャーをするくらいなら、大学をやめようかなども考えていました。

そんな中、怪我人であった私は大学2年生の9月くらいに、実家へ帰省しました。そこで、今でもなぜそのような行動をしたのかわからないのですが、昔好きだった地元の女の子に電話をしたのです。

実家の方にいないため、正月となる3か月後に会おうということになり、その結果、「今のこんなくさっている自分の姿を見せられない」という「強い情動」を伴ったゴールが設定されました。これが復活へのきっかけとなりました。

結局タイミングが合わないまま、そのままその女の子とは会うことはなかったのですが、復活のきっかけをくれた彼女には、今でも感謝しています。

そして、実家から大学へ戻った後、まずやり始めたのが「稽古後のトレーニング」でした。

「今の自分が、すぐ怪我をしてしまうのはフィジカル的に弱いからだ」ということで、稽古後にフィジカルのトレーニングを行ったのですが、稽古後には疲れてすぐにトレーニングできませんでした。そのため、道場で軽く仮眠してから行うようにしていました。

さらに、ここからがまさに「invent on the way」の連続なのですが、ある日稽古をしていた際、国際大会レベルで活躍している先輩に、「先輩、がっちり組み合って力が入った状態で、どうやって技をかけているんですか」と何の気なしに尋ねたのです。すると、その先輩は「バカか。技をかけるときに力を抜くのは当然だろ」と言いました。

それは私にとって衝撃的な一言でした。「そうか、力を抜かなければ技は切れないのか」と。そこから、**力を抜く場面は、技をかけるとき以外にも、もっとあってよいのではない**

か、という仮説に至りました。

この「力を抜く技術」を通常の組み合った状態で試してみたところ、一度たりとも防いだことがなかった、1学年上の先輩の大外刈《おおそとがり》という技を、初めて防ぐことができたのです。

これは本当にうれしくて、自分がやっていることの正しさを改めて確認できました。

それまでの柔道スタイルに無理があると感じていた私は、正直そのままのスタイルで強くなる未来が想像できませんでしたが、この「力を抜く」技術を知ってから、柔道に無理がなくなり、自然体のスタイルで臨むことができるようになりました。そのため、限界部分を突破したように感じたのです。

この「力を抜く技術との出会い」は、私の無意識が見つけ出した「手段」であり、通用しなくなったそれまでのスタイルを一度壊すことで、新しいスタイルを再構築したといえます。

POINT

3冊の本を熟読することで、自分なりのメンタルコントロール法を編み出した

それからさらに私の「invent on the way」は続き、ある実業団で開催された「メンタルトレーニング講習会」に参加したことも、大きな転機となりました。

私にとってこの講習会で一番衝撃的だったことは、**「自分が持っている実力を100％発揮しなければならない試合等の場面で力を発揮するための能力というのは、身につけられるスキルなのだ」**と知ったことでした。

それまで自分が試合で力を発揮できなかったのは、あまり格闘技に向かない自分の性格に起因していると思っていました。しかしそういった先天的なものではなく、柔道の技術と同じように、これは後天的に習得可能な「スキル」にしかすぎなかったのです。

私は早速本屋に行き、メンタルトレーニング関係の本を探しました。そこで、私がピンと来たのが、

『実践メンタル強化法　ゾーンへの招待』（白石豊著、大修館書店）という1冊の本でした。

この本は後に擦り切れるほど熟読し、現役時代を通して貴重なバイブルとなりました。

この白石豊先生は、福島大学の教授であり、かつ女子バスケットボールの五輪日本代表チームをはじめとした、様々なトップ選手のメンタルトレーナーとしての実績をお持ちの先生です。しかし何よりもすばらしいのが、何か新しいことがあれば、選手よりもまずはすべてご自身が経験されるという姿勢をお持ちの先生だということです。

また、この書籍の中では、ほかのすばらしいメンタルトレーニングに関する書籍が紹介されており、下記の2冊も、私のバイブルとなっています。

『スポーツマンのためのメンタル・タフネス』（ジム・レーヤー著、阪急コミュニケーションズ）

『新インナーゲーム　心で勝つ！──集中の科学』（W・T・ガルウェイ著、日刊スポーツ新聞社）

私はこれらの本の力で、試合本番に100%の力を発揮できる「新しい自分になれるかもしれない」というワクワクする気持ちを抱いたものです。

以降、大学時代はこれら3冊の本を熟読することで、自分なりのメンタルコントロール方法を編み出しました。まったく試合に緊張せず、勝っても負けてもその時点での100%を出し切ったという自分への納得感がありました（この方法の詳細は第3章の「ビジュアライゼーション」にて後述します）。

アスリートだった者として、すべてのアスリートには勝っても負けても、その時点での100%を出し切ったと、胸を張ってもらいたいと思います。そのために、自分なりのメンタルコントロール方法を編み出すことも重要な手段の一つでしょう。

この「メンタルトレーニングとの出会い」から「自分なりのメンタルコントロール方法の開発」も私の「invent on the way」が生み出したものだと改めて実感します。

POINT

強く望むことが先にあり、それが必要な能力を獲得する結果をもたらす

話は変わって、1999年12月に「全日本柔道団体選手権大会」という大会がありました。

この大会は5人制の団体戦なのですが、「大学・実業団・警察」の全国3位以内のチーム同士で団体の日本一を決めるという試合です。

母校が前年度全国3位のため、出場権利があり、私は再びレギュラーに抜擢されました。この大会を試金石《しきんせき》とするため、実質3か月で自分のこれまでの柔道スタイルを、前述した「力を抜く柔道スタイル」に変え、本で学んだ「メンタルトレーニング」を徹底して行い、実践投入した形になります。

その結果、1回戦は全国3位の警察チームと当たり、私もチームも勝つことができまし

た。2回戦で、優勝した実業団チームに私もチームも負けましたが、一度も緊張することなく柔道をすることができ、この3か月で変革したことを実感できた大会でした。

監督の信頼をこの大会で得たことにより、以降の団体戦ではレギュラーとして固定され、この翌年に日本一を経験することができました。

「invent on the way」とは、**「強く望むことが先にあり、それが必要な能力を獲得するという結果をもたらす」**ことができるのです。

2006年のイタリア・トリノ冬季五輪で金メダルに輝いた荒川静香さんが、あるインタビューで、次のように言っています。

「トリノで金メダルでなければ、違う人生や道があったでしょうか」と聞かれた荒川さんは、

「アイスショーに出たい気持ちが強かったので、呼ばれるところがあれば、そこに行っていたと思います。人生の『…たら』『…れば』を考えるより、どんな状況下でも『何を、どうすれば、自分にとって最高の道となるのか』を見つけ出す方に時間をかける方が、有

意義ですよね」

そう、どんな状況下でも「何を、どうすれば、自分にとって最高の道となるのか」を「invent on the way」、「見つけ出して」未来に向かって人は進むべきなのです。

POINT

ゴールが近づいてきたら再設定し、更新する

話を元に戻しますが、ゴール地点を最大の力で突き抜けるために、100メートルをさらに超えた先にゴールを設定する必要性についてはすでに述べました。

このことは、ゴールが近づいてきたら、「ゴールを再設定し、更新」しなければならないことを意味しています。なぜなら、ゴールが近づいてきたら、達成するためのエネルギーが弱くなるからです。

おもしろいもので、認知科学に基づく私たちプロのコーチは、「クライアントのゴール

設定を促すプロ」でありながら、「クライアントのゴールを達成させない存在」でもあります。

一見矛盾しているかのように聞こえますが、そうではありません。

なぜなら、ゴールを達成してしまうと、エネルギーが失われてしまい、「次のゴールを設定しようという気さえも起きなく」なってしまうからです。スポーツ選手に多い、「燃え尽き症候群」というのは、これに当たります。

だからこそ、「ゴールが近づいてきたら再設定し、更新する」必要があるのです。

この「ゴールが近づいたら、すぐにゴールを再設定する」ということに関して、柔道の谷亮子さん（現参議院議員）は、ずば抜けていました。あらゆる大会の優勝後のインタビューでは、「即座に次のゴール」についての話をしていたのです。

谷亮子さんの言葉は、私たちにゴール設定の大切さを説いてくれています。金メダルを獲得した2000年のシドニー五輪前には「最高で金、最低でも金」。

結婚・出産を経た後では「田村でも金、谷でも金、ママになっても金」。

そのようなゴール設定をすることで、彼女は自らに対してエネルギーを創り出してきたといえるでしょう。ですから、あれだけの長い間、「燃え尽き症候群」に陥ることなく、世界のトップとして君臨し続けたといえます。

このことを別の表現で述べると、**「どんなものも完成するまで未完成である」**といえます。例えば、90％程度完成に近づいてきたとしても、さらなる高いゴールを再設定することで、新たな良い手段や方法を見つけることができるかもしれないのです。それらを見つけられたら、一からやり直すことも視野に入れる必要があることを示唆しています。

別の例でいうと、さらなる高いゴールを再設定することで、スポーツ選手なら今まで学んだ技術、ビジネスパーソンなら今まで行ってきたノウハウ等を、結果的に一度見直す必要性があるかもしれないのです。

ただ、そうはいっても、今までやってきたことを、いきなりすべて捨てるなんてできない、という意見もあるかもしれません。

「人はいきなり大きく変わることはできない。ただ、自らの中で小さく変われば、外側に出る結果が大きく変わる」とは、私の大学時代の恩師、津沢寿志《つざわひさし》先生（元中央大学柔道部監督）がよくおっしゃっていた言葉でした。

柔道に関して言われた言葉ですが、実社会においても通じる言葉として、今でもとらえています。長年、同じ仕事や同じ競技（私の場合は柔道）をしていると、なかなか大きくスタイルを変えることができません。

ですから、「自分の中の意識」としては大きく変わるのでなく、小さく変わること、その小さく変わったことが、結果として外に出て周囲から見た場合、大きく変わっている、という意味です。

今、思えばこの津沢寿志先生の言葉は「それなら自分にもできるかもしれない」という、後述する「エフィカシー（ゴール達成のために必要な自分の能力に対する自己評価）」を上げる言葉となっていたのだと気づかされます。

POINT

強く望む——ゴール設定に「情動」を伴うことが重要

また、この「ゴールの再設定」という観点もさることながら、「情動」という観点も踏まえ、フィギュアスケートの羽生結弦選手のインタビューを見てみたいと思います。

羽生選手は2014年末に行われた全日本選手権で3連覇を達成した後のインタビューで、

「壁の先には壁しかない。人間というのはそういうもの。課題を克服しても、人間は欲深いからまた超えようと思う。サポートしてくれる人がいて、そういう環境があることに幸せ者なんだ、とまずは感じている」（「日刊スポーツ・コム」2014年12月28日配信の記事）

と述べています。

ゴール（壁）が近づいてきたら、さらに新しいゴールを設定することで新たな「壁」が出てくる、しかし、そういう環境があることが幸せなことだと羽生選手は語っています。

また、「invent on the way」のところで述べましたが、私が「高校時代」と「大学時代」に変化のきっかけをつくれたのは、「強い情動を伴うゴール」を持ったからでした。

このように、ゴール設定に「情動」を伴うということは重要です。

羽生選手は同じインタビューで、

「プライドを守りたい気持ちはあるが、スケートが好きだからやっている。それがスケート人生になくてはならないもの」

とも述べています。

どんなに困難なことが訪れようとも、「好きだからやっている」。こう即答できるスポーツ選手・指導者、ビジネスパーソンはどれくらいいるでしょうか。

また、テニスの錦織《にしこり》圭選手も、ある番組で、

「テニスが好きという思いが一番のモチベーションとなっている」

と発言しています。

「自分自身の情動が強く動くゴール」とは、イコール「心から望むゴール」であり、「自分自身の情動が乗っている」からこそ、そのゴールはほかの誰でもない、「みなさん自身

にとっての価値」を生むのです。

逆に、自分のための「個人的なゴール」では情動が乗らなくても、自分のゴールが達成されたとき、**「どれだけ多くの人の役に立ち、そして喜ばせることができるか」**ということに対して、自らがワクワクし強い情動を伴うこともあるのです。

POINT

「その人だけのゴール」を設定することが重要

ここまで「ゴールを設定するとはどのようなものか」について見てきましたが、まとめると、ゴールを設定することで、次の3つが生まれるといえます。

①エネルギー
②創造性（invent on the way）
③気づき（ゴールが先、認識は後）

これまでの話を踏まえて実際にゴールを設定するにあたり、一つ問題となることがあります。それは、みなさんが「社会の様々な刷り込みによる条件づけ」によって、無意識のうちに、本当に望むゴールではないことをゴールとして設定してしまう可能性がある、ということです。

これを私たちコーチは「コンディショニング（conditioning）」と呼んでいます。この言葉を調べてみると、

・conditioning

［名詞］［不可算名詞］

1 a 条件づけ

b （心身の）調整；（動物などの）調教

2 （空気）調節

（研究社『新英和中辞典』）

とあります。ここでは「条件づけ」というのが当てはまります。

何かに「コンディショニング（conditioning）」された「モノの見方や感じ方」をするのではなく、「コンディショニングを外した状態」で、自らが望むゴールを設定してほしいのです。

私が普及に尽力している青少年・アスリート対象の次世代教育プログラムＰＸ２《ピーエックスツー》には、**「人間は、本当の真実ではなく、自分が真実だと考えていることに基づいて行動している」**という言葉があります。

これは、「人により真実が異なる」ということを意味しています。ですから、世界中の人々が共通の真実で世界を見ているのではなく、「あなたの真実」によってこの世界を認識しているといえます。

ちなみに、私たちコーチは「成功」という言葉を基本的には使いません。その代わりに「ゴール」という言い方をしています。成功という言葉には「他者からの視点」が必ず入ってしまうからです。

どんなに他人から「社会的に成功した」と見なされても、当の本人が心から満足しなければ、意味がありません。そして、**本人が満足する尺度は、世界中の人が一人として同じ**

人がいないように、全員違ってよいのです。

このことを元陸上競技選手の為末大《ためすえだい》さんは、下記のように述べています。

〈世界にはさまざまな価値基準があるのだということを、まずは知ることが大事です。そして自分なりの勝利条件を定め、その方向へ進んでいくのです〉（「プレジデント・オンライン」２０１５年7月18日配信の為末氏のコラム）

〈人生の勝利条件は本来、その人の価値観によって決まります。「子供を無事に育て上げ、幸せな家庭を持たせること」が勝利条件だったら、仕事では無理な働き方をせず、出世も収入もそこそこでいいはずです。定年後に庭先で孫たちと遊ぶことができたら、その人は成功者です。他人の価値観でどう見られようと、関係ありません。

ところが、「会社で出世すること」だけが絶対の価値だと思い込んでいたら、円満な家庭を持っても内心の満足がありません。出世に背を向けた自分を「怠け者」だと感じるのは、おそらくはそのせいです。それはもったいないことだと思います〉（同前）

為末さんのおっしゃる「自分なりの勝利条件」とは、「その人なりのゴール」と言い換えることができます。「社会で定められた基準や尺度」によるゴールではない、「その人だけのゴール」を設定することの重要性を説いた、すばらしい言葉です。

「社会的に自分のゴールがどうなのか」という価値基準ではなく、ぜひ「みなさんなりの価値基準」において、ゴールを設定してほしいと思います。

ただ、他人の価値基準ではない「自分なりの価値基準」において、自らのゴールを設定することは重要ですが、人生においては他人と接する中で、自分自身が気づいていない部分に気づかされ、大きく成長していく側面もあります。

自身のゴールに向かうという過程で、自分の見えていない部分に気づくことは、自身のゴール達成を早めることにもなります。

企業活動の中でも、企業のゴール、あるいは自身のゴールを達成するために、自分では見えていなかったり、気づけていない点を、他者からフィードバックしてもらう「360度フィードバック」という仕組みがあり、私のパートナー企業であるフォスターリンク株式会社がその仕組みを行っています。

私自身もこちらの行う360度実施後のフィードバック研修をさせていただいています

が、ビジネスの世界での成長を助ける仕組みといえますので、ぜひご参考になさってください。

フォスターリンク株式会社　360度フィードバック（http://www.fosterlink.co.jp/360dohyouka/）

POINT

複数のゴール同士が補完関係にある

引き続きゴールを実際に設定する際の話ですが、日本のことわざに「二兎《にと》を追う者は一兎をも得ず」とあります。

一般的に、何かを成し遂げるには、それ以外のすべてを捨てて、一つのことに向き合う必要がある…と思われているようです。つまり、いろいろなことをゴールとしてしまうと、それぞれのことに対するエネルギーが弱まってしまい、結局何も達成できないのではないか、と思う人が多いようです。

しかし本来、脳は「並列処理」がとても得意なのです。呼吸することにかまけて心臓を動かすのを忘れたりはしません。

車の運転のような複雑な動作でも、一度「運転」というまとまった情報処理（ゲシュタルト）を習得してしまえば、無意識にすべてを行うことができます。

無意識はとても優秀です。何も考えなくても自動的に行ってくれるからです。「歩く」という行為一つとっても、ロボットにそれをさせるためには、ものすごくたくさんの計算を同時にさせなければいけません。それを私たちは簡単に行っています。

もちろん、身体の物理的な制限から、同時に行える動作には限界があります。しかし脳は驚くほどの情報を同時に処理できることを知ることで、その能力を何倍も発揮させることができるのです。

一兎を追いながら、百兎を捕まえる罠《わな》を張ることだってできるのです。

すべてを達成できるかどうかは別として、多くのジャンルでバランスを取ることには様々なメリットがあります。それは、一点集中したいジャンルをさらに活性化することにすら、つながるのです。

ここで、人生のバランスを取る車輪「バランスホイール」というツールをご紹介します。

バランスホイールとは、自身の人生のゴールを様々な分野において設定したものです。

私たちコーチは「ゴールは一つだけ」ではなく、「複数のゴールを設定する」ことを推奨しています。


「複数のゴールに自ら気づき、一つのゴールの達成に向かうことで、ほかのゴールもいつのまにか達成してしまっている」。つまり、複数のゴール同士が「補完関係」にあるのです。


この実例として、学生時代に始めた、趣味のアコースティックギターの練習をしていたときの話をしたいと思います。私は指で弾く「アルペジオ」と呼ばれる奏法のリズムが取れず、必ず途中でリズムが狂ってしまい、困っていました。

そこでふと、柔道で培った「力を抜くという技術」を試してみたところ、うまくいったのです。


これは、例えば「勉強」をすることで「遊び」に役立ったり、「遊び」が「武道」に関連したりといった、複数のゴール同士が補完関係にあるということを示しています。

バランスホイールは丸い車輪であり、つまりは「人生」を意味しています。一つの領域

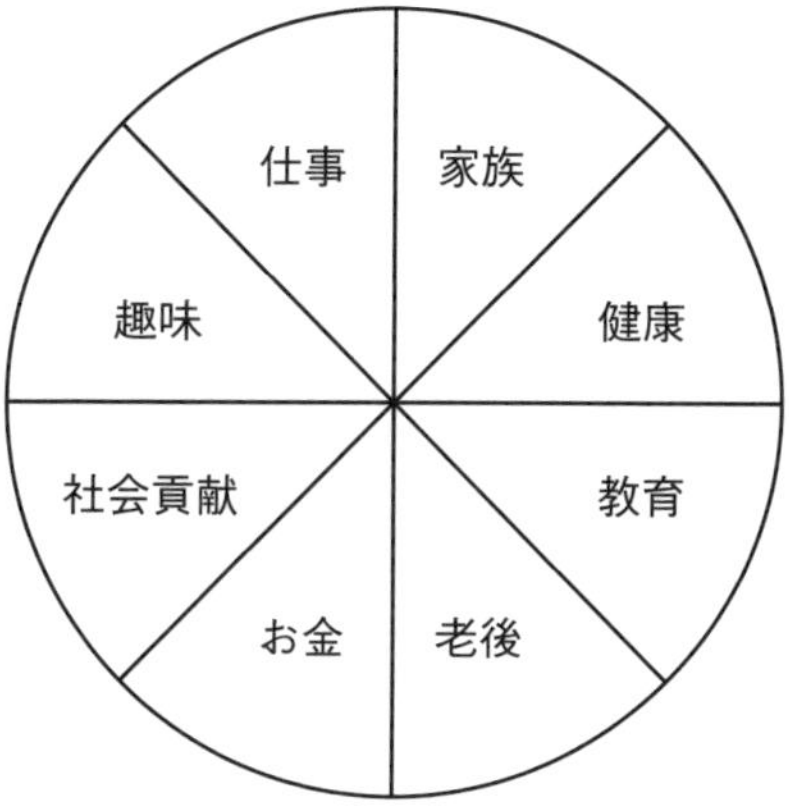

図１　バランスホイールの一例

にだけゴールを設定していると、すぐに丸い形が崩れ、車輪が回らなくなります。これは「人生のバランス」が崩れていることを意味しているのです。

例えば「お金持ち」であったとしても、バランスホイールの観点で見れば、「お金持ち」は人生のゴールの中の「●分の一（●はその人のバランスホイールの分割の仕方により数が違う）」にしかすぎません。

つまり、「出世こそ人生においてすべてだ」との考えから、家庭を顧みなかったことにより、家族がバラバラになってしまえば、これは「人生のバランスを欠いている」ことになるのです。

「そうはいっても、複数どころか一つすらやりたいことなんてなかなか見つからないし、ゴールも設定できない」という方もいらっしゃるかもしれません。

そんな方には、「とりあえずのゴール（仮のゴール）」を複数設定することをお勧めします。何でもよいので、「とりあえずのゴール（仮のゴール）」を複数設定すれば、そのゴールに向かう中で、様々なことをたくさん経験し、学ぶことでしょう。

一個やるだけではなかなか見えてこないものも、複数行うことでどれが自分に合っていて、何を自身のゴールとすべきかが、次第に見えてくるきっかけとなります。だからこそ、複数のゴールを設定する、この「バランスホイール」は重要なのです。

人生は、自分にとっての本当のゴール、いわば「真のゴール」を見つける旅と言っていいでしょう。それは、誰が何といっても達成したいと執着するゴールであり、今の自分とはかけ離れた遥かなゴール、**自分自身が「ビビってしまう」くらいのゴールがちょうどよい**といわれています。

私は大学卒業後に柔道の実業団入りをしましたが、その後のさらなるゴール設定が欠けていたため、活躍することができなかったと感じています。

アスリートとして、競技に人生をかけている現役選手にこそ、本書で述べているような「マインド（脳と心）の使い方」を学び、実践してもらいたいと切に願います。

POINT
ゴールは他人に言わない方がよい

ここまでお話をしてきた「ゴール」についてですが、ここでみなさんに質問です。みなさんのゴールは、「たくさんの人たちに、どんどん言った方がよい」のか、「他人に言ってはならない」のか、どちらだと思いますか？

ここに興味深い記事がありますので、ご紹介したいと思います。スピーチや対談、テレビ・ラジオ、セミナーなどの内容を全文テキスト化している「ログミー」というメディアに掲載されていたものです。

〈「目標を宣言すると、モチベーションが下がる」挫折しがちな人の共通点を、社会心理学者が解説〉という見出しで、社会心理学者のDerek Sivers（デレク・シヴァース）氏のスピーチを紹介しています。

〈デレク・シヴァース氏：複数の心理学の実験が、他の人に自分の目標を話してしまうと、それが実現しにくくなることを証明しています。どんな目標でも必ず、その実現のために実行されるべきいくつかのステップや作業があるのです。

本来であれば、その作業を実行した後でなければ満足を覚えないはずですが、目標を他人に話し、他人にそれを認めてもらってしまった場合、それがあたかも実現されてしまったかのような錯覚に陥るのです。心理学者はそれを「社会的現実」と名付けました。

そしてその満足感を得たがゆえに、人は必然的に現実のハードな作業をやりたくなくなってしまうのです。（中略）

さて、その実験内容です。１６３人が４つの独立した実験に参加しました。

各々が自分の目標を紙に書きました。次に、被験者のうち半分は、目標の実現を会場の皆に宣言しました。残り半分は、沈黙を守りました。

そして被験者は全員、45分の時間を与えられ、目標実現のための作業に従事しました。（中略）さて、沈黙を守ったグループは平均で45分間、作業を完遂しました。後の質問に対し彼らは、「目標実現までには、さらにがんばる必要がある」と答えました。

しかし、目標を宣言してしまったグループは、平均でわずか33分後に作業を止めてしまったのです。後の質問に対し彼らは、「あと少しで、目標を実現できる所まで来ていた」と答えました〉(http://logmi.jp/41991)

デレク・シヴァース氏はこの後、〈自分の意識は、「話す行為」と「実際に実現する行為」と、間違えて認識していることを自覚するのです。もし、目標について話さなくてはいけない事態が生じた場合は、自分が満足感を感じられないような表現をしましょう〉とアドバイスしています。

〈例えば「僕は、ぜひともこのマラソンを完走したい。そのためには、週5回、トレーニングをする必要がある。もし、ちゃんとトレーニングをやっていない場合は、どやしてくれたまえ」〉(同前)

「目標(ゴール)は誰にも言うな」

これは私たちのコーチングでも、実は推奨していることです。それには二つの理由があります。

まず一つめの話ですが、私たちの言う**「認知科学に基づくコーチング」**とは、**常に「自己不満」を起こすことで自らを変革させ続けていく「自己推進力」によって、自らのまだ見ぬ人生を切り開いていくものです。**

自らを変革させ続けていく原動力となるこの「自己不満」が、他人にゴールを言うことで「満足」に変わり、突き進む原動力を失わせてしまうと、デレク・シヴァース氏は解説しています。

POINT

親・教師こそ「ドリームキラー」になる可能性がある

二つめは「ドリームキラー」の存在です。「ドリームキラー」とは、その名が示す通り、「夢を潰《つぶ》そうとする人」を指します。他人にゴールを話すことで、「君にそんなことができるわけがない、何を夢物語みたいなことを言っているんだ!」という否定であったり、あるいは誹謗《ひぼう》中傷を受けてしまうリスクがあるということです。

ただ、ここで最も問題になるのは、実はこの手の「他人」からのものではなく、もっと深い関係、あるいは権威と呼ばれるような人たちからの否定、誹謗中傷なのです。具体的にいうと、「親・教師」等が当てはまります。

親の立場からは、「私はあなたが幼い頃から、あなたをずっとそばで見てきたからこそわかる。あなたにはそんなことできっこない。私が言うんだから、間違いない。お願いだからそんなことを目指すのはやめてほしい。あなたのことを思って、あなたの将来のためを思って言っているんだ」と言ったりします。

教師の立場からは、「君の今の実力はこんなところだから、君の実力でそんな高い学校の入試に合格できるわけがない。もっと現実をしっかり見なさい」とアドバイスしたりします。

この二つの例からいえることは、身近であったり、あるいは権威と呼ばれるような人たちの言葉は、かなりの影響力があり、受け入れてしまいがちだということです。

読者のみなさんの中にも、「親に言われたから、そのゴールをあきらめた」「先生に言われたから、その志望校を受けるのをやめた」などの経験をされた方がいらっしゃるかもしれません。

この二つの例では、重要なことが一つ抜け落ちています。それはその人の「未来の可能性」を見て話をしているのではなく、「過去」を見て話をしているということです。現代の科学技術をもってしても、人の潜在的な、秘めたる能力を正確に測ることはできません。

私たちがコーチとしてクライアントに接する際には、その人の現状や、今までの過去をもとに「このような人だ」と判断して、接することがないようにしています。

「その人のなりたい未来が、今ここに存在しているという臨場感」を持って、クライアントのみなさんと接しているのです。

以上の理由により、私たち認知科学に基づくコーチングを学んだコーチ以外には、基本的には自分のゴールを誰にもお話ししないよう、クライアントのみなさんには伝えています。

ただ、後の章にも登場しますが、自分で設定したゴールには、「自己責任」というものがセットになります。「自分で選んだ」からこそ、自分がそのことに責任を持ち、自分が責任を持つからこそ、その「責任を果たすべくエネルギーを発揮する」のです。

他人に決められてしまったゴールには、心のどこかで完全に責任を持てず、「言われたからやったのだ」と自分の責任を回避する気持ちが生じ、それが自らのエネルギーを完全に発揮することを阻害しているかもしれないのです。

POINT

「モチベーションを高める」は間違い!?

ところで、前述の社会心理学者デレク・シヴァース氏のスピーチの中で登場した「モチベーション」という言葉ですが、「モチベーションの高め方」等のセミナーも多いので、みなさんもよく耳にする言葉の一つかもしれません。実は、私たち認知科学に基づくコーチングを学んだコーチには、「モチベーション」という概念がありません。

例えば、みなさんはゲームや読書、楽器の演奏等、何でもけっこうなのですが、時を忘れるほど夢中になった経験はありませんか。あった場合は、そのときにモチベーションということを考えたでしょうか。

逆になぜ、今からやろうとするそのことに対して「モチベーション」が必要なのでしょうか。

「モチベーションが必要」ということは、「やりたいことをやっていない」ということを意味しているのです。

ただ、「そうはいっても、人間は飽きる生き物なので、最初は夢中になっていても、そう長続きはしないよ。だからモチベーションは必要なんだ」という声もあるかもしれません。

では、例えばみなさんが普段、当たり前に行っている「歯を磨く」ときに、「モチベーション」が必要となるでしょうか。普通、当たり前に行っているので、そのようなことを意識したことがないにちがいありません。

このことからも、「モチベーションが必要」ということは、その対象が「みなさんにとっての当たり前になっていない」ということがいえます。

特に仕事において、「モチベーションが必要」という場合、みなさんは一体なぜその仕事をしているのか、自身の「ゴール」を一度振り返ってみてほしいと思います。

LET'S LEARN
THE MIND POWER
OF THE WORLD'S BEST ATHLETES

第 2 章

エフィカシー、セルフイメージ、セルフトークの活用法

POINT

エフィカシーとは「ゴール達成のために必要な自分の能力に対する自己評価」

第1章では、「ゴールを設定するとはどういうことなのか」を、様々な角度から見てきました。ゴールを設定することの重要性はご理解いただけたのではないかと思います。第2章では、「今の自分とはかけ離れた遥かなゴールを設定する」のと同時に、もう一つ必要なものがあるので、それを紹介したいと思います。それが、これから述べる**「エフィカシーを高くすること」**です。エフィカシーとは「ゴール達成のために必要な自分の能力に対する自己評価」という意味です。

「認知科学に基づくコーチングとは?」を説明する上で、「今の自分とはかけ離れた遥かなゴールを設定する」ことと、この「エフィカシーを高くすること」の2点が最も重要です。

このエフィカシーの話をする前に、まずみなさんに質問をしたいと思います。

みなさんは、今までのスポーツの体験で、相手がミスをしたら自分が勝ってしまう、というような場面に出くわしたことはありますか。この場合、ほとんどの人が「相手がミスをしないかな」ということを、多かれ少なかれ思い描いてしまうのではないでしょうか。

ところが、プロゴルファーのタイガー・ウッズは違うのです。

ある大きなゴルフの大会でのこと。タイガー・ウッズは、相手がパットを外せば自分が優勝という場面にいました。そして、実際に相手はパットを外してしまったのです。

そこで見せたタイガー・ウッズの表情は「喜び」ではなく、「怒り」をにじませていました。普通は相手が外して、自分が優勝したらうれしいですよね？　ここにタイガー・ウッズのタイガー・ウッズたるゆえんがあるわけですが、実はこのことは最先端のコーチングで説明ができるのです。

彼は「自分自身に対する評価」を「世界最高峰のプレイヤーである」と位置付けていました。その「世界最高峰のプレイヤーである」自分が、相手が外して優勝などということはありえない、ここの場面では「当然相手はパットを決めて、次のホールで勝負！」と思っていたのです。だからこそ、それを崩され、怒りをにじませたのです。

このような彼の状態を、最先端のコーチングを学んだ私たちプロのコーチは**「エフィカシーが高い」**と言います。この「エフィカシーが高い」ということこそが、スポーツのみならず、自分の持っている潜在的な能力を引き出し、ハイ・パフォーマンスを発揮する力ギとなります。世界的にも注目されている概念です。

この「エフィカシー」の話をすると、一般的な解釈では、よく「プライド」と混同されます。両者は似て非なるものなのですが、最大の違いはベクトルが「相手」ではなく、「自分」であることなのです。

すなわち、**「プライド」は「他人との比較」**、**「エフィカシー」は「本来あるべき自分の姿との比較」**なのです。

その「本来あるべき自分の姿」が「世界最高峰のプレイヤーである」からこそ、タイガー・ウッズは相手が外したときに悔しがったのです。「世界最高峰のプレイヤー」の自分にふさわしい相手は、あんなパットを外すはずはないということです。

相手が外したことでエフィカシーが下がってしまうと「怒って」いたのです。「世界最高峰のプレイヤーである自分」という、「自分に対してのイメージを維持する」ために、自然に怒ってしまったのでしょう。

ここで重要なポイントは、**「エフィカシー」は「他人からの評価」ではなく、「自分の自分に対する評価」**ということです。「他人」という言葉が一つも入っていません。

私たちは、親や先生といった影響力のある大人の評価を過去に自分の評価として受け入れ、自分はこういう人間だという「自分自身の評価」をつくっています。ところが、その「他人の評価」を大人になった今も受け入れているために、自らの可能性に蓋《ふた》をしてしまっているのです。

タイガー・ウッズの父親が、アメリカの特殊部隊であるグリーンベレーの所属だったことは有名ですが、そこでこの最先端のコーチングを受けており、そのエッセンスをタイガー・ウッズも学んだといわれています。

POINT

「エフィカシーが高い」ことは謙虚であることと両立できる

では、このエフィカシーについて、勘違いされやすい言葉と比較することで、もう少し掘り下げて見ていきましょう。

○エフィカシーが高い ≠ 尊大である、横柄である

・そんだい【尊大】

（名・形動）威張って、いかにも偉そうな態度をとる・こと（さま）。（『大辞林　第三版』三省堂）

・おうへい【横柄】

（形動）見下したようなえらそうな態度をとるさま。大柄（おおへい）。（同前）

他人を見下げるような態度をとったり、人を無視した態度をとることは、ある意味、「自分の方が優れているとアピールしている」こととといえます。エフィカシーが高い人は、そのような行動をとりません。

「尊大で、横柄であること」は、本来自分自身に向けられるべきエネルギーが「他人との比較」になっており、これは「プライド」に関わっているといえそうです。

○エフィカシーが高い ≠ マナーが悪い、礼儀知らず

・マナー【manner】
行儀。作法。礼儀。(同前)

・れいぎ【礼儀】
①社会の秩序を保ち、他人との交際を全うするために、人としてふみ行うべき作法。礼節。
②謝礼。(同前)

エフィカシーが高いということと、「マナーが悪い、礼儀知らず」であることとは関係がありません。辞書の通り、礼儀は「社会の秩序を保ち、他人との交際を全うするために、人としてふみ行うべき作法」なのであり、自己に対する評価のエフィカシーとは関係がないのです。

○エフィカシーが高い ＝ 謙虚である

・けんきょ【謙虚】

（形動）ひかえめでつつましやかなさま。自分の能力・地位などにおごることなく、素直な態度で人に接するさま。（同前）

ですから、エフィカシーが高く、謙虚であることは両立できる概念なのです。

なぜ以上のような例を紹介したかといいますと、日本人は往々にして、「卑下と謙虚」あるいは「自己評価が高いことと、冷徹で尊大であること」などを、文化的背景からごちゃごちゃにしてしまいがちであるからです。そのあたりの違いをきちんと把握するために、上記の意味の違いを確認しました。

POINT

「そうあるべき自分」と「今の自分」との乖離《かいり》があるほど、大きなエネルギーを生み出す

次に、「エフィカシーが低い」ことのデメリットを考えてみたいと思います。エフィカシーが低いと、「それは雲の上の世界にいる人たちの話だ。そのような世界で生きるのは自分には無理だから、関係がない」と、「自分には関係ないこと」として認識してしまうことにつながります。

日本人は特に、「エフィカシーが低い」という海外からの指摘もあります。

私の知人に、言語学博士としてカナダの大学でご指導されている溝江達英《みぞえたつひで》さんという教授がいらっしゃいます。その溝江先生に私が「エフィカシー」の話をしたところ、「海外の学生は、高い点数を取った人が自分以外にいると悔しがるが、日本人は自分より低い人がいると喜ぶ」と話してくれました。

また、こんな記事もあります。サッカーのセレッソ大阪の監督を解任され、現在はスペインの「サラゴサ」というチームで指揮を執るランコ・ポポビッチ監督が、スペインのス

ポーツ紙「マルカ」のインタビューに次のように答えたというのです。

（日本人と世界の差について聞かれて）「良い選手になることが難しい。なぜなら欧州人が持っている自信がない。自分が格下だと思っている」（参考・「日刊スポーツ・コム」2014年12月12日配信記事）

エフィカシーは本来あるべき自分との比較なので、他人を蹴落とし、自分が成り上がるという資本主義の限界を突破できる新時代のパラダイムなのです。なぜなら、後にも出てきますが、**エフィカシーを高めると「私もすごいが、君もすごい」と思える**からです。

他人を妬《ねた》み、蔑《さげす》み、批判するのは、「他人を引きずり落としたい」という考えから来ています。つまり、無意識レベルでは、自分の価値は高くないことを認めてしまっているといえます。

ですから、他人のゴールの達成は祝福するべきなのです。同時に、自分自身も祝福を受ける価値のある人間であると認めるべきなのです。

もし仮に他人を妬む感情が出てきたら、それはすなわち「自分のエフィカシーが低くなっているシグナル」として注意が必要だといえます。

この章の冒頭では、エフィカシーの高い例として、プロゴルファーのタイガー・ウッズの例を紹介しました。もちろん日本にもエフィカシーの高いアスリートはいます。

次の記事は、サッカーの本田圭佑選手の記事ですが、彼は世界最高峰のエフィカシーを持つ選手といえます。この記事は、元日本代表・秋田豊氏の「熱血秋田塾」というコラム（「日刊スポーツ・コム」に掲載）なのですが、その中で、秋田豊氏は〈本田は、志が高い。開始直後、中盤で相手に深いタックルを受けた。警告が出てもおかしくないラフプレー。それでも本田は、表情1つ変えず、すぐ立ち上がって次のプレーに移行した。同35分には、相手2人が同時に削りにきて倒されたが、怒ることもなく、すぐさまボールをセッティングした〉と説明した上で、

「オレはいい選手。相手に削られるのは当たり前。オレはもっと高いところにいるんだ」

という本田選手の言葉を紹介しています（2015年1月21日配信）。この言葉は、す

ばらしいエフィカシーの高さを感じさせますね。

以上をまとめると、「今の自分とはかけ離れた遥かなゴールを設定」し、「自分は当然このゴールを達成できる人間なんだ」という「エフィカシーの高さ」がセットになって、初めて機能します。

ゴールを設定し、「だが、今はそうなっていない」と思うこと。つまり、「本来そうあるべき自分」と「今の自分」との乖離があればあるほど、それが「自己不満」を起こす大きなエネルギーを生み出します。それが「現状を超えた遥かな自分」へ誘うカギとなるのです。トップアスリートが驚異的なパフォーマンスを叩き出す背景には、こういうメカニズムがあるのです。

POINT

フィードバックを得るために、現実を見ることは必要

ところで、新年に行われる日本の〝伝統行事〟に、「新年の抱負」を述べるというのが

あります。

しかし、認知科学に基づくコーチングの観点から言うと、この**新年の抱負は「なるべく語らない方がよい」**といえるのです。一体なぜか。

例えば「年末までにこうなる、こうする」というのは、すなわち「今がそうでないと自分自身が認めてしまっている」からです。

また、「過去は変えられないけど、未来は変えられる」。この言葉についてはどうでしょう？

一見、未来に向かっている積極的な言葉としてとらえることができます。ところが、これもコーチングの観点からは、「今現時点で、まだ過去が問題だと思っており、それが現状だと認めてしまっている」状態なのです。

いずれも、現時点のエフィカシーが低いという状況にあります。

「自己不満」を起こすとは、言葉を変えると、「現状を自分の評価として認めないこと」といえます。こう言ったら、私が研修をしているときの受講者の中に「そうか！　ならば、このひどい現実を一切見なければいいんだ！」と言った方がいました。

みなさんはどう思いますか？

「現状を自分の評価として認めないこと」が大切なのだから、「現実を一切見なくてよいのか」。

この点を考える上で、サッカーの本田圭佑選手の言葉は、非常に参考になります。

『現実を認めたくない』自分がいて『現実を受け入れろ』という自分もいる。現実を認めなければ、今を生きることができないですから。でも時に、現実を受け入れることに慣れすぎてしまうと（歩みが）止まってしまう。それは怖いことでもある」（「日刊スポーツ・コム」２０１１年６月９日配信の記事）

これは二つの意味としてとらえることができます。

○「現状のフィードバックは必要」
↓「現実を認めなければ、今を生きることができないですから」
○「現実を受け入れないことの重要性」
↓「現実を受け入れることに慣れすぎてしまうと（歩みが）止まってしまう。それは怖いことでもある」

「自分を変革し、成長させ続けていく」には、「現状のフィードバックは必要だが、それを本来の自分のあるべき姿として、そのまま受け入れてはいけない」ということを意味しているのでしょう。

つまり、「現状がどうなっているかのフィードバックを得るため」に「現実を見ることは必要」なのです。しかし、「自分はすごい人間なんだ！」という高いエフィカシー、つまり自己に対する「確信」をセットで持つことが重要です。

POINT

自分自身に確信を持つこと＝「エフィカシーが高い」

「自信」と「確信」という、似たような言葉があります。通常、世間においてこの二つを用いる際、それほど明確に区別して使い分けてはいないのではないでしょうか。

まずは、言葉の定義から見ていきましょう。

・じしん【自信】

（名）自分の才能・価値を信ずること。自分自身を信ずる心。（前掲『大辞林　第三版』）

・かくしん【確信】

（名）かたく信じて疑わないこと。また、その信念。（同前）

言葉の定義上では、やはりそれほど明確に区別されていないようです。しかし、私たちコーチは、この二つの言葉を別のものとして認識しています。

それは、

・「自信」

過去の経験や実績に基づき、目の前にある状況が何とかなりそうだと思える状態

・「確信」

過去の経験や実績などがなく、何の根拠もないが、目の前にある状況に対して、私なら余裕でできると自分を信じきっている状態

と使い分けているからです。

つまり、**「確信」は過去に経験したことがないことであっても、自分への揺るがぬ信頼がある状態**です。これは、前章に出てきた「過去は未来の結果にまったく関係がない」という話に通じます。過去とまったく同じ現在は、2度と来ないからです。

スポーツでいえば、その選手の状態、観客、試合会場等、様々な要因が、まったく同じ状況としてやってくることはありません。

プロスポーツ選手がよくいわれがちである、「昨シーズンは●勝上げたんだから、今季は自信をもって臨める」などというのも、本人にはなかなかピンと来ないのではないでしょうか。

昨シーズンと比べてといっても、体の状態を含め、様々なことが変化しています。そう、「日々変化」しているのです。

まとめると、「自分自身に確信を持つこと」＝「エフィカシーが高い」といえます。

POINT

「エフィカシーの高さ」は「セルフイメージ」により決まる

ここまで、「ゴール達成のために必要な自分の能力に対する自己評価」である、エフィカシーについて述べてきました。

では、このエフィカシーは一体何で決まってくるのでしょう？

その答えを出す前に、みなさんはいつも自分の財布にいくら入っていると安心しますか。人により金額は違うことでしょう。例えば、いつも5万円入っている人が、何らかの出費により残り千円となってしまったら、「これはまずい。ATMに行くなり、何とかしないと」と思うでしょう。

一方で、宝くじに当たった人が破産するという話をよく聞きます。これはなぜかというと、「自分らしいと思う基準」をはるかに超えた金額を手にしたために、元の自分に戻そうとする「無意識」の強力なマイナスの力が働くためです。

元の居心地のよい基準に戻るまで浪費を続けてしまうのです。

つまり、「自分らしいと思う基準」、すなわち「自分自身に対して持つ無意識のイメージ」を変えない限り、様々なことにチャレンジしたとしても、元の自分に戻ってしまうのです。

この「自分らしいと思う基準」「自分自身に対して持つ無意識のイメージ」のことを**「セルフイメージ」**と呼んでいます。

このセルフイメージの中には、「自分がそう思うだけでなく、他人からもそう思われているはずの私はこういう人間だ、という意味での自分像」も含まれます。

実は先に述べた「エフィカシーの高さ」は、この「セルフイメージ」により決まってくるのです。このセルフイメージの働きによって、スポーツ競技以外にも、ビジネスや様々な場面で、大きな影響が出てしまうのです。

この「セルフイメージ」は非常に重要です。なぜなら、**「自分らしいと思う基準」**を**「超える良いこと」が起きても、「自分らしいと思う基準」**を**「下回る悪いこと」が起きても、元の「自分らしいと思う基準」に戻そうとする「無意識的な力」が働く**からです。

例えば「自分は一流」というセルフイメージを持っているアスリートは、厳しい場面が訪れても「ここで勝利するのが自分らしい」と思うのでがんばれますが、「自分はいつも厳しくて苦しい場面ではダメなやつだ」等のセルフイメージを持っていると、力を発揮することができません。

そういう意味でセルフイメージは、元の自分らしいと思う基準に、良いことが起きても悪いことが起きても戻ろうとする、サーモスタット（自動温度調節装置）の役割を果たします。

このサーモスタットが働く幅のことを私たちコーチは**「コンフォートゾーン」**と呼んでいます。直訳すると「快適な空間」を指しますが、日常生活において、「自分自身の内面が当たり前に感じていることすべて」を指します。

セルフイメージが低いと、どんなに良い結果が一時的に起きても、結局は元に戻ってしまうのですが、その例として、私の知人の話をしたいと思います。

彼は大学まで柔道をしていて、社会人になってからは、趣味程度の形で柔道に取り組んでいました。その彼が、社会人としての試合である実業団の試合に、お祭り感覚で出てみようという気になり、出場しました。そこで1回戦、いきなり優勝候補と試合をすることになったのです。

実業団の試合での優勝候補というのは、当然五輪を目指す位置にいる選手であり、一流の選手といえます。ところがこの1回戦、私の知人が先に「有効」というポイントを取り、先制します。

そのときに彼が思っていたことは、後ほど聞いたところによると「俺、勝っちゃっていいのかな」ということだったそうです。つまり、「自分はお祭り気分で出場しただけの選手なのに、真剣に五輪を見据えて優勝を狙いにきているような選手に勝ってはいけないのではないか」というセルフイメージが、そこにはあったのです。

結果、最後には逆転の一本負けをしました。しかし、彼はこの結果に対し、「まあ、当然だよな」と逆にホッとしており、「元の基準」に戻ったことに安心して、満足していたのです。

いかがでしょうか。みなさんやみなさんの知人でも、似たような経験をされた方がいらっしゃるかもしれません。

また、私が現役時代、ＪＩＳＳ（国立スポーツ科学センター）という施設で、膝のリハビリトレーニングを行っていたときのことです。後にシンクロナイズドスイミングの五輪メダリストとなる女性アスリートが、「がんばっていると思っているうちは、一流とはいえない。がんばっていることが、当たり前にならなければ、一流とはいえない」と私に向かって発言しました。

セルフイメージの核心をつく言葉です。

POINT

イチローや錦織圭のセルフイメージ

一流のアスリートは、他人からみると「あの人はものすごく努力している」と感じられても、本人の感覚では「当たり前でしかない」。

このことに関して、プロ野球のイチロー選手はさすがです。

2014年9月のシーズン最終戦後に、「今日から162試合やれと言われても、僕にはできる」というコメントを残しています。

また、2015年のシーズン前、新天地マーリンズのキャンプでは、練習メニューの免除を願い出るベテラン選手もいる中、インターバルトレーニングや走り込みも若手とまったく同じメニューをこなすなど、イチローの「当たり前の基準」である「セルフイメージ」がどれほどのものかが見て取れます。

そしてイチローは、2014年シーズンに野村克也氏が持っていた日本最多出場記録を更新しました。

田中将大《まさひろ》が先発した4月9日のオリオールズ戦で、2点を追うヤンキースは9回にイチローを同点の一塁走者の代走としました。この時点で、日米通算ながら、イチローの出場試合数は3018試合となり、野村氏が持つ3017試合という日本の最多出場記録を上回ったのです。

ただ、偉大な記録を達成したにもかかわらず、イチローは

「人がどう思うかは勝手だけど、僕の中には、(記録に意味は)ない」

ときっぱり述べたといいます(参考・「THE PAGE」2014年4月12日記事)。

こちらもイチローならではの「自分らしさの基準」を感じさせます。

プロテニスプレイヤーの錦織圭選手のセルフイメージも、次の記事から読み取れます。２０１４年全米オープン準優勝後、ツアーで最も格の低いマレーシアオープンに第１シードで出場し、負けられないというプレッシャーの中で勝利した決勝後、錦織は「当然を簡単にこなせるのがトップ選手の使命」と話したといいます（参考・「日刊スポーツ・コム」２０１５年2月17日記事）。

錦織選手自身の基準では「勝つことが当たり前」なのです。しかし、この錦織ですら、最初からそうだったわけではないようです。

２０１１年10月に世界ランク2位のフェデラー選手に完敗したときのこと。フェデラー選手に勝つこと、そして優勝することが、錦織選手自身の当たり前になっていないセルフイメージを、現コーチのマイケル・チャン氏に指摘されたのです。

「あなたはひとつの大きなミスを犯しましたね。準決勝後のインタビューで『フェデラーと決勝戦で対戦するなんてワクワクします。彼は偉大な選手で、昔から私の憧れの選手なのです。』と言いましたね。あなたの過ちはそこです。なぜなら……フェデラーとの決勝に進んだことであなたはある程度満足していた。

コートの外で誰かを尊敬することは構いません。しかしコートに入ったら『お前は邪魔な存在なんだ』と言い切る決意が必要なんです。『優勝するのはお前じゃない！　俺だ！』という気持ちでなければ戦う前に負けてしまいます」（http://fundo.jp/9876）

マイケル・チャン氏がコーチに就任してからの錦織選手の目覚ましい活躍は、周知の通りです。マイケル・チャン氏はまさしく、私たちのコーチの定義である**「マインド（脳と心）の使い方を教える人」**でもあったわけです。

また、アスリート以外でも、セルフイメージの話として、次の例をご紹介したいと思います。

90歳にして第一線で取材を続けるサッカージャーナリストの賀川浩さんが２０１５年１月12日、スイスのチューリヒで国際サッカー連盟（ＦＩＦＡ）会長賞を受賞したそうです。賀川さんは国内外で60年以上の取材歴を持ち、ワールドカップ（Ｗ杯）の取材は、１９７４年の西ドイツ大会を皮切りに10度を数えるとか。

受賞後、賀川さんは「好きでしてきたこと。苦労でも何でもない」と笑顔で語ったそうです（参考・「日刊スポーツ・コム」2015年1月13日配信記事）。

まわりが大変だろうと思うようなことでも、本人のセルフイメージでは「好きでしてきたことだから、苦労でも何でもない」なのです。

POINT

「行動が先」ではなく「ふさわしいセルフイメージをつくるのが先」

今までセルフイメージと呼ばれる、「無意識的に持つ、自分らしいと思う基準」の話をしてきました。しかし、自分の道を切り開いていくのには、やはり行動するのが一番ではないのか。そういう声も出てくるかもしれません。

まずは行動が先なのではないか。行動するから道は開けるのではないか。この意見にはある意味で正しい面もあります。しかし行動を先にすることで「自分自身に無理がかかる」、つまり「当たり前の、自然の状態ではなくなる」点も見逃してはなりません。

ちなみに「ストレス」を感じるのは、自分がこうでないとわかっているものになろうとするとき、つまり、「今のセルフイメージを超えようとして動いているとき」なのです。

ですから認知科学に基づくコーチングでは、「行動が先に来るのではなく、セルフイメージをつくることが先」としているのです。

サッカーの本田圭佑選手は、このことを次のような言葉で述べています。

「極端に言うと、僕の場合、無理をして先に人格を作っちゃうんですよね。ヒーローとしての人格を作って、普段からそう振る舞うようにする。それを続けていたら、自分の本物と重なるんですよ」

「作った人格が、本当の人格になるんです。そうしたらホンマにカッコイイ本田圭佑ができあがるんですよ。だから1日1日が本当に大切になってくるんです」（『Sports Graphic Number』２０１１年8／4号、文藝春秋）

本田も「一日一日が本当に大切」と述べていますが、セルフイメージは一度完成したら終わり、というものではありません。セルフイメージは日々変化しており、常に修正が必要な継続的なものなのです。

では次に、そのセルフイメージを日々改善するためのツールをご紹介したいと思います。

POINT

成功したときと失敗したときのセルフトークの活用法

みなさんは物事がうまくいかず、失敗してしまったとき、自分自身に対してどのような言葉をかけていますか。「あーあ、自分はダメだな」とか「いつもこうなるよな」といった言葉を自分自身にかけていませんか。

2014年のテニスの全米オープンで準優勝の快挙を成し遂げた錦織圭選手。彼は準々決勝、勝利後のインタビューで、「勝てない相手はもういないと思うんで、できるだけ上を向いてやりたい」と語りました。全米オープンという大舞台を、当たり前と感じていることがわかる言葉です。

ここでは「言葉」に注目していきます。

人の普段の言動は、「自分らしいと思う基準（セルフイメージ）」によって決まると前述しました。錦織に当てはめると、現在のセルフイメージは「勝てない相手はもういない」

何か物事が成功したら⇒「自分らしい！」
何か物事が失敗したら⇒「自分らしくない！　次はこうしよう！」（次のイメージを必ず入れる）

図2　実践簡単！　日々のセルフトーク管理！

といえるでしょう。

では、その自分らしいと思う基準、セルフイメージは一体どのようにして決まってくるのでしょうか。それは、毎日「自分自身に語りかける言葉」により、作られますし、決まるのです。

これは「口に出す、出さない」を問いません。このことを、私たち認知科学に基づくコーチは**「セルフトーク」**と呼んでいます。

「内声言語《ないせいげんご》」とも呼ばれるこのセルフトークを、人は自分自身に対して、一日に数千回ほども行っているといわれています。

ちなみにセルフトークには、「他人に語りかける言葉」も含まれます。なぜなら人間の脳は、「自分に語りかける言葉」も「他人に語りかける言葉」も、同じものとしてとらえてしまうからです。

自らが望む結果を出すには、この「自分自身に語りかける言葉、セルフトーク」を日々管理し、望む結果に相応《ふさわ》しい「自分らしいと思う基準、セルフイメージ」を作っていく必要があります。

このセルフトークを管理するための強力な方法の一つに、次のシンプルな法則がありま す。

成功したら、「(これこそが)自分らしい」というセルフトークをし、失敗したら、「自分らしくない。次はこうしよう」というセルフトークをするのです。失敗したときは、「次はこうしよう」という「イメージ」を入れることで、失敗の繰り返しをなくしていきます。

こうして、どんどん「自分らしさの基準」であるセルフイメージを広げていくのです。

POINT

やはり、言葉は「魔術」

ただ、そうはいっても、「セルフトーク」は精神的なことであって、内面の現象であり、物理現象として見えているこの世界には影響を及ぼさないのではないか。そういう意見もあるかもしれません。

ところが、『夜と霧』というアウシュビッツ強制収容所での、実体験に基づく人間の様

を描いた書籍で、著者のV．E．フランクル氏は、

〈勇気と落胆、希望と失望というような人間の心情の状態と、他方では有機体の抵抗力との間にどんなに緊密な連関があるかを知っている人は、失望と落胆へ急激に沈むことがどんなに致命的な効果を持ち得るかということを知っている〉（『夜と霧』V．E．フランクル、p．181）

と述べています。

ここでいう「心情」とはセルフトークを指しますが、マイナスのセルフトークによって、実際の物理である肉体面にも大きく影響を及ぼしてしまうということがこの一文からもわかるのです。

「grammar（グラマー）」は「文法」という意味の英語ですが、この単語の語源は「魔術」という意味だそうです。言葉を読み書きできる能力は、ほかの動物が持たない人間の特権であり、この『夜と霧』の例からも、人間はある種「言葉を操る魔法使い」といえるのか

もしれません。
セルフトークの「言葉」次第で、内面世界だけではなく、物理世界にも影響が出てしまうからです。だからこそ、「プラスのセルフトーク」を普段から心がけるべきなのです。

２００６年のイタリア・トリノ冬季五輪女子フィギュアスケートで、金メダルに輝いた荒川静香さんが、２００６年12月23日付のある新聞のインタビューで、次のように言ったそうです。

「"Think Positive"をおくります。何事もプラス思考で。たとえ、今、最悪な状況だな、と思っても、それ以上、悪くはなりえないから大丈夫、などと、少しでも前向きな考え方ができれば、状況も少しずつ好転していくのではないでしょうか。
余裕がない中で、いかに余裕を作れるかが勝負だと思う。(中略)
そして、大人になっても、希望は子どものように捨てないで。そうすることで、自分を楽にできるかもしれません」

「"Think Positive"」「大人になっても、希望は子どものように捨てないで。そうすることで、自分を楽にできるかもしれません」などはまさに「プラスのセルフトーク」といえます。

前に紹介した『夜と霧』で、アウシュビッツ強制収容所から生き残った人々は「希望」を持っていたといわれています。

人間はすぐに、マイナスの悪い方向に考えがちです。

「あっ、バカ！」「しまった、何でこんなミスするんだよ！」等、自らを落としてしまうマイナスの言葉を自分にかけていませんか。私自身も、常にセルフトークを見張るようにしています。

物事を行動に移す前から、マイナスのことについて考える愚かさを、バスケットボールの神様といわれたマイケル・ジョーダンは、

「私は大事なショットを外した後のことなんて考えたことがない。もし考えたならいつも悪い結果を思ってしまうからさ」

というように表現したとされています。

また、たとえ、世間一般から見るとその出来事がマイナスの内容としてとらえられるような出来事であったとしても、自身も同じようにネガティブに評価する必要性がないことを、本田圭佑選手が述べています。

本田選手は、無得点に終わり、チームも負けてしまったある試合後のインタビューで、

「あまりネガティブに考える必要はないのかなと思う。いい時間帯もあったし、あの失点がなければ今日は勝って、まったく別の会話になっていたと思う」

と語ったとされています（参考・「日刊スポーツ・コム」２０１5年2月15日配信記事）。

世間から見ると、**マイナスに評価される出来事であったとしても、自身はその中からプラスの面にフォーカスし、決してマイナスのセルフトークを受けつけない。**さすがは本田選手です。

また、テニスの錦織圭選手は、テレビ番組のインタビューで「自分には才能があると思い込んでます」というコメントを残しています。

このようにセルフトークが自身の能力発揮に、大きく影響するのです。

プロ野球の中畑清監督（横浜DeNAベイスターズ元監督）は、現役時代によく「絶好調」という言葉を使っていました。

このことについて、次のように述べています。

「もちろん、調子が悪いときもありました。でも言葉の力は不思議なもので、『絶好調』と口にすると、本当にそうなっていくんです。一種の自己暗示ですね」

やはり、言葉は「魔術」といえます。

POINT

大事なのは自らと親友になること

大事なことは、「自らと親友になる」ことです。親友が失敗したとき、「バカ野郎」などという言葉をかけるでしょうか。

親友に接するときのように、失敗したときは「あなたらしくないね」、成功したときは「さすがだね」というセルフトークを心がけたいものです。

ちなみにセルフトークの話の冒頭でも述べたように、セルフトークには「他人に語りかける言葉」も含まれます。こちらも口に出す、出さないを問わず、そうなのです。

嫌いな相手のことを考えたり、他人を蔑む悪口を言うことは、脳が自分と他人を区別できない以上、結局「みなさんのエフィカシーを下げ」ますし、その結果、「みなさんにとってのマイナス」となってしまうのです。

こんなもったいないことはありません、気をつけたいものです。

今までは…

「他人の評価」により⇒「セルフトーク」がつくられ⇒「セルフイメージ」を形成し⇒「エフィカシー」を決めていた

これからは…

新しい「セルフトーク」により⇒新しい「セルフイメージ」をつくり⇒エフィカシーを高くする！

図3　自分の評価は自分でつくろう！

ここまでセルフトークについて述べてきましたが、では意識しないとセルフトークは一体何で決まってくるのか。これは「他人の評価」から来るといわれています。

学校の先生や親に、ずっと低い評価で見られ続けてきたせいで、セルフトークがマイナスになりがちだったとしても、現状を変えることができるのです。また、大人である現在も、会社の上司に低い評価を受け続けているせいで、セルフトークがマイナスになりがちだったとしても、それでも現状を変えることができるのです。

セルフトークとは**「自分の評価を自分でつくり直す」ためのツール**であり、「他人の評価は関係ない」のです。

POINT

他人の評価を受け入れないが、他人の存在は大切

「他人の評価は関係ない」というと、他人をぞんざいに扱ってもよい、というように解釈されがちですが、そうではありません。「他人の存在」自体は大切なのです。

スポーツ競技の世界は勝負の世界である以上、勝つことが至上命題であるといえます。しかし、学生時代の恩師である津沢寿志先生（元中央大学柔道部監督）は、私を含む当時の学生に対して、柔道で勝つことのみならず、「礼儀、あいさつ」に関しても、厳しく指導されていました。

津沢先生は「柔道が強いだけではダメだ。強いだけでなくあいさつなどの礼儀ができているから、柔道家としての価値がある。それは両輪であり、どちらも欠けてはならない」と、よくおっしゃっていました。

私たちが学生だった当時に、実際行っていたことですが、例えば、先生を含めて二つ以

上年齢が上の先輩とお風呂に入る際には必ず「お背中をお流ししましょうか」と聞いていました。

普通の人が聞くと、何か軍隊めいたものを感じるかもしれませんが、そうではなく、これは「その先輩にしているという意識で行うのではなく、社会に出たときに同じことを上司やお客様に行うための練習を今ここでしなさい」という教えによるものでした。

そのほかには、実業団の選手が稽古に来られた際には、全員で道場入口に集まってあいさつをしていました。練習後にはお風呂用のタオルをお渡しして、帰られるときも同様に、全員で集まってあいさつをしていました。

津沢先生は「自分から柔道を引いたとき、マイナスになるような人間になるな」ともおっしゃっていました。「その競技の結果がすごいだけではダメだ」ということですが、「勝つことのみ」を追い続けてしまうと、「自分はすごい人間なんだから、他人をぞんざいに扱ってもよい」という思いを生んでしまう危険性もあるように感じます。

これは当然エフィカシーが高いのではなく、他人との比較である「プライドが高い」状態といえるでしょう。

POINT

闘志のベクトルはプラス、怒りはマイナス

また、津沢先生は「闘志を前面に出し、逃げるな闘え」ともおっしゃっていました。

ここで勘違いしやすいのが、「闘志」と「怒り」の違いです。両者は同じようなものとしてとらえられることも多いですが、「闘志」と「怒り」ではエネルギーのベクトルがまったく違うのです。

「闘志」はベクトルが「プラス」であり、「怒り」は「マイナス」なのです。

柔道は格闘技ですから、乱取りと呼ばれる試合形式の稽古をする際などに、道場の壁にたまたまぶつかってしまうこともあります。しかし、「投げることができない後輩に対する怒り」から、わざと後輩を壁にぶつけるような行為を津沢先生は許しませんでした。

この行為は、他人に対してマイナスのエネルギーをぶつける「怒り」なのです。

一方「闘志」とは、「自分がチャレンジすることに対し、エネルギーを燃やすこと」で

あり、ベクトルが「プラス」であり、「怒り」とは真逆なのです。

ただ、スポーツの世界のみならず、まれに「怒り」をエネルギーとして、何かを達成された方もまわりにいらっしゃるかもしれません。

スポーツ競技で、「怒り」のエネルギーを使いながらも、世界最高峰として君臨した稀《け》有《う》な例として、アメリカの伝説的なテニス選手であるジョン・マッケンロー選手が挙げられます。

マッケンローは、「悪童」とも呼ばれ、判定に不満があると審判に暴言や悪態をつき、常に何かに「怒って」いました。

確かに「怒り」の持つエネルギー量はすさまじいため、自分自身を変革させるエネルギーとして利用することもできます。ただ、その「怒り」で何かを達成した後に、自分の幸せがあるのか。それをぜひ考えてみてください。

その結果、人生において何かのバランスが欠けていることにより、前述したバランスホイールの車輪（⇩63ページ）が回っていないかもしれないのです。

怒りに満ちて、何かを成し遂げる人生がいいのか。それとも常にチャレンジ精神に満ち、ワクワクした日々を過ごしながら、何かを成し遂げる人生がいいのか。みなさんはどちらがよいでしょう?

幸い私は、高校、大学とすばらしい恩師に巡り合いました。

多感なこの時期におけるスポーツ競技の指導者は、スポーツがすごいだけでは社会の役に立たないことを生徒に伝える「教育者」としての側面も担っています。社会的にもその役割が求められていると感じます。

LET'S LEARN
THE MIND POWER
OF THE WORLD'S BEST ATHLETES

第 3 章

未来の記憶、
アファメーション、
ビジュアライゼーションの活用

POINT

未来の記憶をつくることで、「未来のイメージ」に現実が引っ張られる

みなさんは、「記憶」という言葉から何を連想しますか。きっと「過去」に体験したことや学んだ知識などを思い出すことでしょう。

記憶の時間軸は「過去」にあるのが普通です。しかし、私たち認知科学に基づくコーチングを学んだプロのコーチは、「未来の記憶」をつくることを大変重視しています。

現在、プロボクサーとして大活躍中の村田諒《りょう》太《た》選手。彼は2012年のロンドン五輪ボクシングミドル級で、日本人選手としては東京五輪以来48年ぶりの金メダルを獲得する偉業を成し遂げました。

その際、村田選手の奥様が「ある言葉を書いた紙」を冷蔵庫に貼っていたというエピソードが話題となりました。その言葉とは「五輪で金メダルをとりました。ありがとうございます。村田諒太」というもの。

また、水泳のマイケル・フェルプス選手も、「五輪で自分が達成しているべき記録」について記載された紙を、高圧酸素ベッドの上部に貼り付けておき、毎朝毎晩見るということを実践していたといいます。

認知科学に基づくコーチングでは、人間は「言葉」「映像」「感情（情動）」という3つの軸で思考していると考えられています。

毎日冷蔵庫を開けるたびにこの紙を目にしていた村田選手は、この「言葉」から五輪で金メダルを獲得している「映像」を喚起《かんき》し、さらにその映像が「ワクワクする！」といった「感情（情動）」を呼び起こしたことでしょう。

また、村田選手が冷蔵庫に貼っていた言葉が「五輪で金メダルをとりました。ありがとうございます」と、**すでにゴールを達成した「完了」の形で記載されているのが特徴**です。

つまり、村田選手は「五輪金メダリストになる前」から「五輪金メダリストとして過ごす生活」を無意識にイメージしていた可能性が高いのです。

私たちコーチは言葉とイメージによって「未来の記憶」をつくるこの技術を**「アファメ**

ーション」と呼んでいます。

人は「臨場感のある、鮮明なイメージ」に引っ張られ、現実をつくります。つまり、「アファメーション」により「未来の記憶」をつくることで、「未来のイメージ」に現実が引っ張られるのです。

これを私たちコーチは、

「想像力(imagination)×臨場感(vividness)=現実(reality)」

と公式化しています。アファメーションは、いつでもありありとした、臨場感の強い未来のイメージを浮かべるためのツールなのです。

また、この「臨場感」という言葉は日常何気なく使われていますが、コーチングにおける「臨場感」は極めて重要なキーワードの一つといえます。その理由は、人間の脳は、「臨場感の強い世界を現実として認識する」からです。

想像に強烈なリアリティを与えるのが「臨場感」なのです。

人は「臨場感のある、鮮明なイメージ」に引っ張られ、現実をつくることがわかる典型例として、「テレビのCMを見る」という例を挙げることができます。テレビのCMのゴールは「新しい商品やサービスを消費者に知ってもらい、購入してもらうこと」です。

例えば車のCM。「運転席に座って眺める美しい景色。助手席からは妻であるエレガントな美女が微笑みかけ、後部座席には、かわいい子どもがペットと楽しそうに遊んでいる」。このようなCMを何度も繰り返し見ることで、新しい車を購入した際の「臨場感のある鮮明な新しいイメージ」が刷り込まれます。

そのイメージが定着すると、今それを持っていない「現状に不満」が起き、「我慢できなくなる」のです。我慢できなくなると、脳は何とかしてそれを手に入れようと、方法や手段を生み出します。問題解決に向かって創造的エネルギーを発揮していくのです。

ですから、スポーツの指導者が選手に対して、「失敗したプレイを繰り返し見せる」のは、映像を刷り込まれる結果となり、失敗の映像に現実が引っ張られてしまいます。

ただ、現状がどうなっているかのフィードバックは必要であるため、一度は見せる必要はあるといえますが、繰り返し見せることはお勧めできないのです。

「臨場感のある、鮮明なイメージ」を人工的に起こすこともできます。「未来のゴールをすでに達成した状態から見ている言葉」を紙に書き、繰り返し読むことで、その「言葉」が「映像」を生み、「感情（情動）」を呼び起こすのです。

ゴール設定のところでも述べたように、「感情（情動）」をうまく使うことがとても大切です。仮に、ゴール自体の設定が間違っていれば、いくらこのような紙を見たところで、「ワクワクする！」といった「感情（情動）」が起こることはないでしょう。

自分が本当に望むゴールであるからこそ、この紙は威力を発揮するのです。

また、勘違いしてはいけないのが、「一番はじめに言葉があって、映像を想起する」のではないということです。言葉が先なのではなく、「映像が先」なのです。

未来の記憶をつくるため、臨場感があるゴールのイメージを、いつでも映像化できるよう「言語化」しているのがよいのです。

アファメーションという形ではありませんが、私は現役時代、「技術を映像化して、これを忘れないように、自分の言葉で言語化したもの」をノートに綴《つづ》っていました。

このノートの言葉を見た瞬間に「イメージ」が戻るので、その技術を使うのにこの方法は大変重宝しました。

アファメーションは、これと同じです。

以上の点から、アファメーションとは「自分バージョンのＣＭをつくること」ともいえます。

「未来の記憶」として、「新しいイメージ」を刷り込んだみなさんは、目の前の世界が「新しいイメージ」と乖離していることに不満を抱き、我慢できなくなるでしょう。このことで生まれる創造的エネルギーが、自分のゴールを達成するのに必要な、突き進む原動力となります。

村田諒太選手の活躍の裏には、このメカニズムがあったのではないかと私は考えています。彼の活躍からますます目が離せません。

POINT

アファメーションは「セルフトークのマネジメント」

アファメーションとは本来、英語で「強い肯定」を意味しますが、私たちコーチは「あ

①個人的／personal

②肯定的／positive

③現在形／present tense

④達成を示す／indicate achievement

⑤比較をしない／no comparisons

⑥動作を表す言葉／action words

⑦感情を表す言葉／emotion words

⑧正確さ／accuracy

⑨バランス／balance

⑩現実的／realistic

⑪人に話さない／confidential

図4　アファメーション作成時に気をつけるべきポイント

るルールに基づいて作った言葉を、自らに語りかけること」と定義しています。

別の言い方をすると、アファメーションは「言葉の管理」をしているといえます。その結果、**「セルフトークのマネジメント」**をしているのです。

実際にアファメーションを作成するときのルールとして、図4の①〜⑪を入れることを推奨しています。しかし、これはあくまで参考であり、「全部の条件を満たさなければならない」というものではありません。

人により過去の経験や体験が異なるため、「言葉の臨場感」が違うからです。

仮に同じゴールに向けたアファメーショ

ンを作成するにしても、それぞれのアファメーションは違って当然なのです。なぜなら、アファメーションは、みなさん個人のゴールの臨場感を「自分にとって」強める方法だからです。

ほかの誰に見せるわけではなく、「みなさん個人」の臨場感を上げるツールなのです。ですから、その人にとっての「未来のゴールをすでに達成した状態から見ている言葉」こそが、重要なポイントなのです。

POINT

ここ一番を日常にするための「ビジュアライゼーション」

みなさんは、今までの人生で、入試や試合、プレゼン等ここ一番の大舞台で、結果はどうであれ、そのとき持っていた自分の力を常に100%発揮してきたと胸を張れますか。もし胸を張れないという方がいたら、何が原因でしょう?

例えば、頭が真っ白になったり、不安を感じたり、緊張してまったく声が出なかったり体が動かなかったり…。では、なぜこのような状況になってしまうのでしょうか。

これは簡単にいえば、**「本人にとっての当たり前になっていないから」**といえます。

例えば新入社員として「初めての出勤日」には緊張をしていた人も、1か月も経てば、「慣れて」しまい、緊張することも少なくなってくるのではないでしょうか。これは「慣れて当たり前になった」から、緊張しなくなったといえます。

セルフイメージの部分でも述べましたが、要は「試合やプレゼンなど、ここ一番」という状況が「当たり前の状態」になり、その場面に「慣れる」必要があるのです。

しかし、世界を相手にする超一流アスリートたちでも、なかなかそのようにいかない場面もあります。

2014年に行われたサッカーワールドカップ・ブラジル大会での日本チームの成績の不振を、当時代表監督だったザッケローニ氏は、「フィジカルや戦術、技術ではなく問題はメンタルにあった」と総括しています。

「ワールドカップではずぶとさを欠き、選手は目の前の敵に不安を感じていた」

と当時のチームの状態を振り返ったそうです（参考・「日刊スポーツ・コム」2015年1月10日配信記事）。

勝つことが自分たちにとっての当たり前、セルフイメージとなっていなかったと、ザッケローニ元監督は述べているわけです。

また、柔道の谷亮子氏は、

「五輪は確かに4年に1度の特別な大会だけど、それを意識しすぎると最高の力が出せなくなってしまう。大切なのはいつも平常心、自然体でいるということ」

と述べたとされています。

いわば、「ここ一番を日常にすること」が大切であり、そのための技術がこれから述べる「ビジュアライゼーション」と呼ばれるものです。

別の言い方をすると、**「非日常」を「日常」にする技術**ともいえます。

POINT

「ビジュアライゼーション」は視覚以外の五感情報もフルに使う

現実世界で何度も同じことを繰り返すことができれば、それは日常となってきます。しかし一度しかない試合等では、それは無理な話です。

ですから、**「イメージで事前に何度も経験する」**のです。

これは「遠い未来」「近い未来」どちらにでも利用でき、イメージの世界で何度も体験することで、「非日常が日常」となっていきます。

人間の脳は「現実と、臨場感の強いイメージの世界」の区別がつかないため、このようなことが起きます。だからこそ、映画館で映画を鑑賞する際には、現実に座っている座席のお尻の感覚よりも臨場感の強い、映画の世界を感じることで、涙を流したり、笑ったりできるのです。

学生時代の恩師、津沢寿志先生（元中央大学柔道部監督）は、「一人打込《うち》み」という稽古方法を大変重要視していました。これは技を磨くために一人で行う稽古方法で、ボクシングでいうシャドーボクシングに当たります。

先生は、この稽古は「技のイメージを高めるのに、最も良い稽古方法」だとおっしゃっていましたが、脳の働きからもまことに理にかなっていたのだと、今になって思います。

私は大学2年の後半に、このビジュアライゼーションを自分なりに取り入れ、以降の学生時代の試合では「ひとかけらも緊張しない自分」をつくりあげることができました。

「臨場感の強い映像（イメージ）をつくる技術」が「ビジュアライゼーション」なのですが、こういうと「視覚情報だけ」ととらえられがちです。

しかし私の経験上、視覚情報だけでは弱く、臨場感が強い映像とはいえません。「ほかの五感情報もフルに使う」のがよいでしょう。

例えば、私は試合前のビジュアライゼーションとして、**「試合当日に朝起きてから、試合に勝つまでをイメージする」**ことを実際に行っていました。

その中で「（視覚も使いながら）朝、目覚まし時計が鳴った音が聞こえ（聴覚）、ベッドから起き上がったときの布団の感触を感じ（触覚）、身体を目覚めさせるために浴びているシャワーの熱さを感じ（触覚）、朝食を味わって（味覚）……試合会場での観客の声援（聴覚）、スポーツタオルで汗を拭く（触覚）」など、五感をフル動員して、イメージしていたのです。

五感の中でどの感覚が強いかは、個人差があります。自分が出しやすい感覚をベースとし、複数の感覚を使って「臨場感の強い映像」をつくっていただければと思います。

今でも講演や研修を行う際の練習として、ビジュアライゼーションを使っています。初めての場所に行くときには、インターネットで、その場所を視覚情報として確認し、そこで講演や研修を行っている自分の姿を「イメージで見る」のです。

ただ、この場合に気をつけるべきことは、**「自分の目で見ている視点で行う」**ということです。「第三者の視点で自分を見る」のではありません。

また、初めて「ビジュアライゼーション」をすると、おもしろい現象が起きます。実際に起きてもいないのに「緊張する」のです。

しかし、何度も繰り返しビジュアライゼーションすることで、いつのまにか緊張しなくなってきます。ではどれくらいの期間、どれくらいの頻度でやればよいのか。これには個人差があると思います。

ちなみに私の例ですが、2週間くらい前より行っていて、布団に入ったときや、電車に乗った際に行っているのですが、数日前くらいにはイメージをしてもだいたい緊張しなくなっていました。

ぜひみなさんも、「自分にとっての大舞台」を控えている際は、お試しいただけたらと思います。

POINT

ビジュアライゼーションした方向へ、無意識が勝手に向かってくれる

これまでは比較的「近い未来」に対して、「そこにいるのが当たり前の自分」をつくるという観点から、ビジュアライゼーションの話をしてきました。

ただ、アファメーションのところでもお伝えしたように、人間は「強い映像」に現実が引っ張られます。このビジュアライゼーションは「そこにいるのが当たり前の自分」をつくるだけではなく、「未来のあるべき映像を自身に強烈に刷り込む」ことで、もっとすご

いことが、事実として起きるのです。

水泳のマイケル・フェルプス選手が、2008年の北京五輪で8個の金メダルを獲得したことは前述しました。しかし、その中の一つのレースで、レース中にゴーグルが外れてしまい、目に水が入ってしまうというハプニングがあったそうです。

そうした状況でも彼はあわてず、常にビジュアライゼーションしていた通りの状態を思い出し、レースでは勝利しました。そのタイムは、いつもビジュアライゼーションで行っていたタイムと「0・1秒」しか違わなかったといいます。

これが**「ビジュアライゼーションの威力」**です。これはマイケル・フェルプス選手だけが持つ特殊能力ではありません。人間の持つ「無意識の力」なのです。

例えば、みなさんはお酒を飲んで帰る際、記憶がまったくないのに、いつのまにか家に帰って布団に入っていた、という経験はありませんか。

これも「繰り返し刷り込まれた映像」によって、意識していなくても、無意識がその映像がある方向へ、勝手に向かってくれたということなのです。

未来の映像があるからこそ、現在行っていることに意味が出てきます。

また、みなさんは今までに、自分自身がワクワクするような想像を、頭に思い描いたことはありますか。私は高校時代、地下鉄の駅から自宅までの帰り道、次の二つのことをいつも「ワクワク」しながら、思い描いて（ビジュアライゼーションして）いました。

①国際大会で優勝し、表彰台の一番高いところで君が代を聞いているところ
②日本武道館の檜舞台で大活躍し、観客の声援に応えているところ

偶然ととらえるか、必然ととらえるかはみなさん次第ですが、事実としてこの二つは大学時代に達成することができました。ゴールは思い続ければ実現するのだな、と今は思います。

高校時代、全国的に無名で、しかも北海道大会でも優勝したことがなかった私でしたが、いつも帰り道、柔道の聖地、日本武道館の檜舞台で活躍する姿を想像しながら歩いていました。

その想像をするたび、自分はその場にいるかのようにワクワク感を感じており、その3年後、団体戦で全国制覇を達成しました。しかも決勝では自らの一本勝ちにより、中央大

学にとって24年ぶりの日本一を決めることができました。

「ワクワク感」がないゴールは、自らが決めたゴールではない、という証拠だと感じます。

決して、「しなければならない（have to）」から行っていたのではなく、自分がそういうことをすると、楽しくて、ワクワクするから「したい（want to）」と思ってやっていたのです。

この「have to と want to」に関しては、後述します。

POINT

様々な要因が複合的に起きる

これまでは一つの側面からみてきましたが、私自身を例にとって複合的な要因から、その現象を見ていきたいと思います。

○ケース1――「未知のこと」に対してもビジュアライゼーションは有効

私は学生時代、小さい国際大会ではありましたが、優勝することができました。国際大会は、このときが最初で最後になってしまったのですが、行きの飛行機の中で、緊張している自分がいました。

なぜ自分は緊張しているのか。その理由を探すため、私はいろいろなことをイメージで自分に問いかけてみました。しばらく経った後、ふっと、その理由が湧き上がってきました。「負けられない。負けたら恥ずかしくて日本へ帰れない」という思いがあることに気付いたのです。

そこで私が思ったのは、「現実的に考えて、今の私より強い外国人がいたら勝てない。それは仕方のないこと。だったら、自分にできるのは、今持てる力を最大限発揮する以外にはない。こういう国際大会で闘える機会を持てることが幸せであり、楽しみなことだ。だから、試合を楽しもう」ということでした。

その後、「最大限の力を発揮するために、海外に着いてから行うべきこと」について、イメージしていました。すると、この試合でも緊張することなく、実力を発揮することができました。

これは「無意識の力である invent on the way で、緊張の理由を探し出した」ともいえるし、「試合を楽しもう！　とセルフトークを管理した」ともいえるし、「海外に着いてから何をするか、ビジュアライゼーションした」ともいえます。まさに複合的な要素でしょう。

このように「初めて海外で試合をする」という「未知のこと」に対しても、ビジュアライゼーションは有効なのです。

○ケース2——「invent on the way」と「ビジュアライゼーション」で、柔道の技術も開発できる

大学4年のある日の稽古後、試合が近いわけでもないのに、急に不安を覚えたことがありました。

「自分は一体何に対して不安を感じているのだろう」と自問自答しました。

その日、さあ寝ようかと電気を消して布団に入り、しばらくしたとき、「あれ？　待てよ。引き手（柔道着の袖）の握りがうまく握れず制御されてなかったせいで、相手が自由に動けたような気がする」と気づきました。そこで、夜中に柔道着を着て、ひたすら自分の袖をいろいろな方法で握り、相手をイメージする中で、「あっ！　これだ！」という握り方を発見したときに、不安が消えたのです。

このことから、ある意味**「感情」というものは、自分にとって何か必要なものが満たされていないことを教えてくれる、シグナルのようなものだ**、といえるでしょう。この点は前述した『スポーツマンのためのメンタル・タフネス』（ジム・レーヤー著）でも述べられています。

無意識の力である「invent on the way」と「ビジュアライゼーション」によって、「物理現象の柔道の技術」ですら開発できる例といえます。

○ケース3――3つのビジュアライゼーションを実践

私にとってものすごい体験だったのが、大学3年時に日本一になったこともさることとながら、実は大学4年時の団体戦での一連の出来事でした。前述した全日本学生柔道優勝大会で優勝した翌年の話なのですが、私は主将としてチームを率いる立場にいました。

しかし、私は本当に怪我の多い選手で、本大会の予選となる東京大会前に肋軟《ろく》骨骨折をし、この東京大会では試合中に右腿《もも》の肉離れを起こしてしまいました。本大会は非常に厳しい状況でした。

そこで、前年にはうまくいったことから、この本大会に向けてやるべきことを「紙に書いて貼る」ことにしました。

アファメーションに近い形ですが、私は「いつも笑顔を絶やさず、マイナスの言葉を言わない、考えない」と紙に書きました。これは今考えると「セルフトークを常に管理していた」といえます。

おもしろいのが、私自身はそのようなことを言った記憶がないのですが、ほかの部活動に入っていた知人に、当時「試合のときの自分と、日常の自分は別人。俺は自分を信じる」と言っていたらしいのです。その話を聞き、自分への「確信」を持っていたんだな、と改めて感じました。

そのようにあちこちに怪我を持つ状況の中で、なんと本大会前日の稽古で、追い打ちをかけるがごとく、私は左膝を痛めてしまいます。まさに満身創痍《そうい》の状況といえました。

監督からは「棄権するか」と聞かれましたが、私は「いえ、何が何でも出場します」と答えました。私の気持ちは「前年度優勝校の主将として、開会式では優勝旗を返還し、選手宣誓を行うのに、棄権することなど選択肢にない。膝が壊れようと、どこが壊れようと何だっていい」という「決意」をしたのです。

私はこの絶体絶命の状況の中、どうすればよいかを考えてみました。そこで思い出したのが、「頭の中で練習ができる」という言葉でした。

これは白石豊先生の『実践メンタル強化法　ゾーンへの招待』という本に記されていた言葉です。

そこで私は次の3つのことをイメージし、ビジュアライゼーションしました。

①自分の技術や技を一つ一つノートに書き出し、それをイメージで反復する
②普段の稽古すべてをイメージで行う
③試合当日、どのように自分が振る舞うのかをイメージする

前日はホテルに宿泊したのですが、この3つのビジュアライゼーションを、少なくとも3時間は行いました。

試合当日、両膝をテーピングでグルグル巻きにして出場した試合では、チームは残念ながら準々決勝で敗退しましたが、私個人の成績は2戦2勝で、二つとも一本勝ちでした。おまけに優秀選手賞をもいただき、監督からも「お前はたいしたやつだ」と褒めていただいたことを覚えています。

絶体絶命の中でも、ビジュアライゼーションを駆使することで、道は開けることを感じた経験でした。

POINT

「しなければならない」は自己責任を欠いている状態

みなさんは日々の生活の中で、「しなければならないこと（have to）」はどれくらいあるでしょうか。例えば、「会社に行かなければならない」「掃除をしなければならない」「洗濯をしなければならない」等々…でしょうか。

この「しなければならないこと（have to）」。日本の社会の中では、それほど悪い意味には取られてないように感じます。しなければならないと強制をするからこそ、力を発揮できるのではないか、と思われている節もあります。

しかし、私たち認知科学に基づくコーチングを学んだプロのコーチにとって、実はこの「しなければならないこと（have to）」というのは、「心の中から追い出すべき対象」となっています。

一体どういうことか。ちょっとみなさんに質問したいと思います。

Q．みなさんにとっての「しなければならないこと（have to）」は、「しなくてもよい」のであれば、実行しますか。

みなさんにとっての　→　しなくてもよいのであれば、実行しますか。
「しなければならないこと」　「実行する」or「実行しない」

（例）
・会社に行かなければならない　→

・掃除をしなければならない　→

・洗濯をしなければならない　→

・　→

・　→

・　→

・　→

どうだったでしょう？

仮に「実行しない」という回答をした箇所があれば、もう一度そのことについて深く考えてみる必要があります。「もししなくてもよいのであれば、実行しない」ことを、なぜ今「実行」しているのでしょう？

おそらく「しなければならない」の後には「さもないと〜だ」というのが続くことが大きな要因の一つでしょう。

「会社に行かなければ、生活ができない」「掃除をしなければ、部屋が汚い」「洗濯をしなければ、着ていく服がない」…ということが、必ずセットとして出てくることと思います。

しかし、それは何か外部の要因によって「やらされている」という状態であり、**「動機づけ」が「内側」からではなく、「外側」から来ている**ことを意味しているのです。

人は「他人から強制されたもの」に対して「無意識に反発」します。例えば、両手でも片手でもよいので、誰かに手のひらをこちらに向けてもらいます。この相手の手のひらに、自分の手のひらを当てて押そうとすると、相手は「無意識」に反発し、「元に戻そう」とする力が働きます。

これを私たちコーチは**「プッシュ・プッシュバック」**と呼んでいます。

この場合は、「他人から押された手のひらを、無意識に押し返す」ということでしたが、これを「自分で自分の手のひらを押しているような状態」が、実は「しなければならない(have to)」という状態なのです。

日々の生活の中で、「ああ、これもしなければならない、あれもしなければならない」と思ってやっているものは、「誰か他人から強制されて行っている」ということを意味しているのです。このことは**「創造的回避(クリエイティブアボイダンス)」**を生み出します。

「創造的回避（クリエイティブアボイダンス）」とは、「やらなくてもよい理由を創造的に探す」という意味です。例えば試験前に勉強しようとすると、なぜか机を掃除してしまう行動などがこれに当たります。やらなくてもよい理由を無意識が探してしまうのです。「プッシュ・プッシュバック」の無意識の力が、創造的回避を生むのです。

別の言い方をすると「しなければならない（have to）」とは自分で責任を取ろうとしていない、すなわち「自己責任」を欠いている状態です。

日本で「自己責任」というと、どこか冷たい印象を持たれることが多いですよね。「自業自得」のような意味合いでとらえられている場合も多いようです。

本人が「自己責任で行う」というのと、他人に対して「これはお前の自己責任な」というのは違います。自己責任で何かを行った人に対して助けようとしないのは、ただの冷たい人でしょう。自己責任で行った人を別に助けてもよいのです。

ここでいう「自己責任」とは、「自分で責任を負うからこそ、エネルギーを生む」ということなのです。

また、フィギュアスケートの２０１４年シーズン中、羽生結弦選手は中国杯での流血事故、腹部の手術、古傷の右足首痛と、アクシデントが続きました。

しかし、世界選手権後のインタビューで、「なぜ休まないのか。なぜそうまでして試合に出るのか」と聞かれた羽生選手は、一瞬きょとんとした後、こう言ったそうです。

「ケガをしたのは、ここでのアクシデント（世界選手権の会場は中国杯と同じ）も自分の不注意、管理不足。そこはしっかり反省すべき点だと思いますし、不運といわれるところもあるけど、自分の中では自己管理の不足している部分が、きっと今季足りないよといわれたんじゃないかなと思う」（参考・「日刊スポーツ・コム」2015年3月29日配信記事）

羽生選手は、不運なアクシデントもまわりのせいにはせず、自分で選んだ、選択した結果だと、「自分で責任を負っている」のです。だからこそ、エネルギーが発揮されるのです。

他人にやらされている状態、すなわち「しなければならない（have to）」では、自分のエネルギーを発揮するのは難しいといえます。自分で責任を負っていないからです。

ですから、すべての「しなければならない（have to）」ことを心から追い出し、「したい」「選ぶ」「好む」に変える必要があります。

これはセルフトークを管理しているともいえますが、**自らが「したい（want to）」ことに意識をフォーカスし続けることで「自己責任」を生み、自らの力を発揮するための原動力となる**のです。

この「自己責任」という概念は、私たちがボランティアで普及に力を入れている、青少年・アスリート対象の次世代教育プログラムである「ＰＸ２《ピーエックスツー》」で、最後のステップとして登場します。

自らの「したい」「選ぶ」「好む」によって、自己責任とすることで、エネルギーを生むことが、自分の潜在的な能力を発揮する上でカギとなることでしょう。

POINT

過去の評価は、未来の結果により上書きされる

みなさんは「現状や過去にあった出来事」で、思い出すだけで「私はダメだな」と思っ

たり、そもそも「思い出したくない」という体験はありますか。もしこのような経験があっても、その「評価」を変えることができます。

そう断言できるのは、私自身がその経験者だからです。

前述した通り、私は大学3年時に、全日本学生柔道優勝大会という団体戦で、柔道日本一を経験しました。しかし、私は1年時の後半から1年間、怪我をして治っては再発するということを何度も、何度も繰り返していました。その過程で「もうダメだ」という思いでいっぱいとなり、柔道自体も嫌になって、大学をやめようかと本気で考えていたのです。

そこから競技復帰できましたが、怪我を繰り返していた1年間は、本当につらく苦しいものでした。しかし、日本一を経験してからは、不思議とその時期を思い出してもつらくはありません。

それどころか「あれは必要な経験だった」と勝手に「評価が上書きされた」のです。おそらく結果を出さぬまま大学をやめていたなら、怪我の記憶は思い出したくもない嫌な過去として私を苦しめ続けたことでしょう。

これはつまり「過去や現在の出来事に対する評価は、未来の結果や状況により上書きされる」ということなのです。ということは「今、何かに苦しんでいる人」、または「過去の出来事が今を苦しめている人」でも、「未来の結果や状況により、その評価が変わる」ことを意味しているのです。

つまり、**「現在の自分に対する評価は未来が決める」**ということなのです。

このことについて、サッカーの本田選手は、

「挫折は過程、最後に成功すれば挫折は過程に変わる。だから成功するまであきらめないだけ」

と述べています。つまり、挫折は成功したときに過程に変わる、と言っているわけです。

また、陸上の為末大さんは、

「成功か失敗かは死ぬまでわからない。突き詰めれば、成功と失敗は他人には評価できないとも思います」

と述べたとされています。現時点の状況が、成功か失敗かというのは死ぬ瞬間までわか

らないし、ましてや他人が評価して決めることではない、と言っているわけです。

また、バスケットボールの神様といわれたマイケル・ジョーダン選手は、高校時代、バスケットボールチームのレギュラーから外されたことがあるそうです。

仮にここで彼があきらめて、バスケットボールをやめていたらどうだったでしょう。彼自身だけではなく、世界中のバスケットボールファンにとっても、それは悲劇だったといえます。

未来の自分がどの地点までいくことができるかなど、自分にもわからないし、ましてや他人にもわかるはずがないのです。

「過去の嫌だったことを思い出す」というのは、脳的には「過去を追体験」していることと同じといえます。ぜひ、思い描くことを「過去の嫌なこと」ではなく、「未来の望むこと」にフォーカスしていただけたらと強く願います。

LET'S LEARN
THE MIND POWER
OF THE WORLD'S BEST ATHLETES

第 4 章

組織のエフィカシーを高めるには？

POINT

日本のスポーツ界ではコーチが主役になりやすい?

今までは読者のみなさん「個人」に向けて述べてきましたが、ここからは「チーム」として、部下を管理する管理職、あるいは選手を育てる監督といった、上司・指導者の観点から述べていきたいと思います。

個人のところのまとめになりますが、基本的に認知科学に基づくコーチングで、重要なことは二つしかありません。

○エフィカシー(ゴール達成のために必要な自分の能力に対する自己評価)を高くする
○今の自分とはかけ離れた遥かなゴールを設定する

これだけです。後は、これを達成するための方法論といえます。

上司・指導者本人もさることながら、部下や選手に対しても、この二つを実行することで、「チームの力」を大きく伸ばしていけるのです。

ただ、方法論のところで違った観点が出てくるので、ご紹介していきたいと思います。

話は変わりますが、スポーツを含む教育界の問題として、「体罰問題」があります。では、なぜ体罰が起きるのでしょうか。

理由は意外と簡単だと、私は思っています。というのは、その時点で「指導者（教師）が思い描く状況に選手（生徒）がなっていないから」。

要は、「指導者（教師）側の命令に、何としてでも従わせる」という部分が根底にあります。仮に、選手（生徒）のためと本気で思っていても、選手（生徒）がそのように思っていない場合、選手にとっては単なる苦行《くぎょう》にしかすぎません。

つまり、「指導者（教師）が絶対的に正しいと思っていることに従わない（やりたくてもできない、も含む）選手（生徒）を、強制的に従わせる」という潜在的要因があるのです。

ここで考えたいのですが、主人公は一体誰でしょうか。この場合は指導者（教師）ということになるでしょう。

しかし本来はそうではなく、「選手が主役」であるべきなのです。このことは「コーチ（coach）という言葉の語源」に関わっていると私は思います。

ではその語源を見てみましょう。

・コーチ（coach）

1 公式馬車。2（受験準備のために雇われる）家庭教師。3（運動競技のための）コーチ。（中略）語義2、3は指導者を（指導を受ける者を）運ぶ道具として見た比喩から。

（『英語語源辞典』研究社）

「コーチ」は「馬車」が第一義であり、「指導を受ける者を運ぶ道具（乗り物）」なわけですから、「選手（生徒）が望むことを叶えてあげるのが指導者（教師）、本来のコーチの役目」だといえます。決して「乗り物」が主人公ではないのです。

選手（生徒）に声をかけ、どのような思いを持っているのか、引き出してみる。そして、選手（生徒）に考えさせる。

ついでに「教育する」という英語、「エデュケイト（educate）」の語源も見てみましょう。

・エデュケイト（educate）【語源】
ラテン語「（能力を）引き出す」の意；dūcere「導く」から。（『新英和中辞典』研究社）

「教育する」はラテン語で「引き出す」という意味なのです。そこからも、教育者は選手（生徒）に答えを問うべきでしょう。

その上で、本人が望む知識や技術を伝えればよいのです。これは部下を持つ管理職にもいえることでしょう。

特に自分自身が成績を残してきたスポーツの指導者、あるいは管理職は、**自分がとってきた方法が絶対的ではないかもしれない、との視点を常に持つ**ことが重要でしょう。人は一人として同じ人はいないからです。自分の中の真実であっても、ほかの人の真実とは限りません。

しかし、日本のスポーツ界では「運ぶ人が主役になりがち」といえます。選手として成功した指導者は「俺はこれで成功したんだからお前もこれをやれ！」と押し付けてしまう傾向が強いといえます。

言われたことができなかったり、あるいはやる気が感じられない場合でも、ただ怒るのではなく、「なぜそのようになっているのか」と考えてみる視点が必要です。

大人も含め、人にやりたくないことを強制すると、必ずどこかに無理が生じてしまい、支障が出ます。人に何かをさせようと無理強いするのは、愚かな人の行動です。

そうではなく、指導されている側がそれをやりたくなるように、こちらから手助けすることはできます。彼らの「したいこと」を見つけ、その理由をつきとめることで、もっと高めてあげることができるからです。

以上述べた点を網羅している例として、指導者として超一流である、女子サッカーなでしこジャパンの佐々木則夫監督の言葉は非常に参考になります。


〈いつでも選手と同じ目の高さで、「横から目線」で接するように心がけている〉

〈ではコーチが馬車なら、選手は何だろう。答えは「乗客」だ。

間違っても、選手を「馬」と考えてはいけない。コーチ、つまり指導者の仕事とは、選手を馬のようにムチで叩いて走らせることではなくて、乗客である選手たちを目標の地ま

で送り届けることだ〉
〈監督は、選手の掲げた目標達成のために考え、判断し、決定を下す。僕は日本サッカー協会と契約してなでしこジャパンの監督を任されているのだが、気持ち的には「クライアントは選手たちだ」という感覚で仕事をしている〉（『なでしこ力　さあ、一緒に世界一になろう！』講談社文庫）

選手側から見て、「上から目線」という状態が存在していないことがわかります。このように、スポーツ競技の指導者のみならず、部下を預かる管理職からみても、**「勝ったのは選手（部下）のおかげ、負けたのは自分（管理職）のせい」**という姿勢は、強いチームをつくる上で非常に大切だといえます。

中学校の体育の授業で、外部講師として柔道を教える機会がある私も、この点は常に気をつけています。教え方や技術に関しては、これでいいんだということはなく、常に生徒たちの目線で、より良いものを求める気持ちを忘れないようにと心がけています。

「できたのは生徒のおかげ、できなかったのは自分（先生）のせい」と。

POINT

生徒たちのエフィカシーを高めるツールとして、柔道を教える

かくいう私も、認知科学に基づくコーチングを学ぶ前と後で、大きく変わった点があります。それが顕著に出たのが、外部講師として行う中学校の柔道体育授業です。

これは平成24年度より実施の「中学校武道必修化」に伴い、体育授業としての柔道を中学校で行うことから、長年柔道に携わってきた人間が中学校に行って、体育の先生たちと連携して授業を行うものです。私が、千葉県柏市柔道連盟の理事をしている関係からいただいたお話でした。

ただ、必修化とはいっても、年間で最長12時間程度であり、期間としては長い学校でも4週間程度です。正直、これくらいの期間というのは、町道場で柔道を始めたとしたら、投げられたときに怪我をしないための技術である「受け身」しか教えないような短い期間です。

この中でいかに安全に楽しく、柔道に興味を持ってもらうか、私たち外部講師の思案の

しどころです。

最初、コーチングを学ぶ前までは、私は生徒たちに「柔道を教えること」をゴールとしていました。柔道を教えに行っているのですから、当然といえば当然なのですが、生徒たちにいかにわかりやすく教えるかという、「教え方の技術」という外面のことのみに注意がいっていました。それができない場合は私の教え方の問題だと思っていたのです。

確かにこの要因も大きいのですが、コーチングを学んだ後にわかったことで、最も重要なのは、「生徒たちの内面部分」だったのです。要は、「私にはこんなことはできない」「怖い」「やりたくない」と思っている生徒に、いくら懇切丁寧に教えても習得は難しかったのです。

また、柔道に対して「怖い」「やりたくない」という印象を持っている生徒ほど怪我をしやすいということはわかっていました。

そこで、事前の説明で、「おもしろく、楽しい」というイメージと「安全で怪我なんかしない」というイメージを持ってもらうことを心がけました。怪我の潜在的要因である「やりたくない」「怖い」というマイナス要因を取り除くようにもしました。

これはエフィカシー（ゴール達成のために必要な自分の能力に対する自己評価）に深く

関係します。

「自分なら余裕でできる！」という「エフィカシーが高い状態」になれば、生徒たちは自分にとってできるのが当たり前という状態になるのです。だからこそ、できるようになるのです。

すなわち、**私のゴールは、「柔道を教えること」から「生徒たちのエフィカシーを上げさせること」に変化しました。**

つまり、生徒たちのエフィカシーを高めるツールとして、柔道を行うようになったのです。

ですから、コーチングを学んだ後では、私の中ではもう「柔道」を教えていないのです。

「どういうことだ？　お前は柔道を教えるために、中学校に行っているのではないか」と思われるかもしれませんが、私の中では違うのです。

重量級である私を、生徒たちが立ち技で投げたり、寝技で引っくり返したりすることで、「君はすごい！」と褒めます。お世辞などではなく、本当に思っているからこそ出てくる言葉です。

もちろんわざと投げられたり、引っくり返されたりもしませんし、逆に踏ん張ったりもしません。しかし、生徒たちがきちんとしたことを学べば、私を投げたり、寝技で引っくり返したりすることも短時間でもできるようになります。

そこで、「こんなすごいことを余裕でできる君らなのだから、勉強や音楽、美術、ほかのスポーツなども、当然余裕でできるすごい人間なんだよね！」という言葉をかけるのです。

これは私の持論ですが、教育とは「自分自身はすばらしい」と思ってもらうことだと思っています。まさしくエフィカシーなのですが、「自分自身は何でも達成できるすごい人間だ！」と思っているからこそ、様々なことに挑戦できるのです。

自分には関係ない、雲の上の話と決めつけてしまうことで、せっかくの可能性を潰してしまうのは、本当にもったいないことです。

義務教育の期間にこそ、エフィカシーを上げ続けることで、いろいろなことを吸収し、社会に出てから様々なことにチャレンジしてもらいたいと思います。

認知科学に基づくコーチングを学んだことにより、このことに気づけたのは、私の中の大きな財産です。この本を読んでいる大人のみなさんも、ご自身だけでなく、まわりの人たちのエフィカシーを上げ続ける存在となることを今から目指しても、まったく遅くはないのです。

それが強いチームをつくることにつながるのです。

この章の冒頭で、チームにおいても個人同様、重要なことは、エフィカシー（ゴール達成のために必要な自分の能力に対する自己評価）を高くすること、今の自分とはかけ離れた遥かなゴールを設定することだと述べました

この二つのことを踏まえて、他人と接する際、**①褒める、②期待する、③確信するの3つを私は重視しています。**

実際に中学校の授業現場でコーチングを実践することで、生徒たちに大きな変化が現れました。では、この3つについて、それぞれ見ていきたいと思います。

POINT

①褒める——本人の「できた」という思いと褒める言葉が一体となると、エフィカシーが高くなる

「褒める」ことは重要です。自分が「できた！」という思いと、そのことに対し「すごいね！」といった褒める言葉をかけられることが一体となったとき、一気にエフィカシーが高くなります。

ましてや、影響力のある上司や先生、親といった人間からそう言われることで、「あれ？自分もすごい人間なんじゃないか⁉」と自己評価が高まるからです。

私は昔、「褒めるところがないのに、褒められるわけがない」という言葉をかけられ、ひどくエネルギーが落ちた経験があります。ですから、この本の読者のみなさまには、絶対にこのような言葉を他人に対して使ってほしくないと思います。

この言葉をかけられた人の可能性を奪っているかもしれないのです。だからこそ、褒めることは重要です。

ある中学校で女子生徒を指導した際、生徒全員からお手紙をいただいたことがあるので

すが、その中のある生徒が「今までは褒められることがなく、ずっと苦手だった柔道ですが、先生の授業で何度も褒めていただいて、とてもうれしかったです。少ない期間で、親切に教えてくださったおかげで、みんな去年よりも楽しく授業ができました。本当にありがとうございました」という文章を残してくれました。

私個人としても大変うれしく思いますが、苦手だと思っていた柔道を、自分の中で克服したこの生徒は、エフィカシーが高くなったことで、何の分野でも活躍できる可能性を秘めているのです。

こう言うと、「あんまり褒めすぎても調子に乗ってしまい、やるべきこともやらなくなってしまうのではないか」という声が聞こえてきそうです。

しかし、エフィカシーはあくまで「自己評価」であり、本人はその選択に基づく結果も含めて、責任を負うのです。逆に責任を負うからこそ、力を発揮できることは前述しました。

そうすると、「褒め方や、褒めるためにどのような言葉をかければよいのか」ということにシフトしがちですが、その部分が重要なわけではありません。例えば口下手な人が流暢に褒める必要はないのです。この理由は③の「確信する」でお話しします。

ただ、褒めることの重要性を十分理解しているからこそ、日々組織内、チーム内で実践していくための仕組みがほしいという企業のリーダーの方には、私が監修している「HooP（フープ）」というツールをご紹介したいと思います。

これは「褒めるという行為を見える化したシステム」で、具体的には「日々起きた出来事に対し、相手を褒めるバッジをシステム上で贈り合うことで、組織内外で互いに褒め合う」というシステムです。

相手を褒めるバッジを贈り、集め、ステップアップを図るというゲーム性を持たせることで、楽しみながら自身のエフィカシーと、他人のエフィカシーを上げることができます。日々褒め合うことで、一人一人の良いところが見えてきて、その良いところが積み重なると強みが見えてくるという側面もあります。

今まで、褒めることの重要性は理解していても、それを「日々実践するためのツール」が存在しませんでしたが、このシステムはそれを可能にした、新時代の仕組みといえます。また、自分が落ち込んだときなどに、今までにもらったバッジを見返すことで、自分の良い部分にフォーカスすることができます。これはいわば「セルフトークのコントロール」に相当する秀逸な仕組みといえます。

この「HoooP」を日々活用することで、企業内に「褒め合う文化」を育むことができます。その褒め合う力が企業や組織の新たな力に変わることで、「仕事」が人生の大きな志を成すためのかけがえのない「志事《しごと》」として、自己実現を図る場となります。

そのことが、日本経済の活性化に寄与するものであり、だからこそ、プロのコーチングコーチとして、「HoooP」をお薦めしたいと思います。

参考・HoooP（株式会社シンクスマイル）(https://www.hooop.me)

POINT

②期待する──「ピグマリオン効果」と「ラベリングアプローチ」

人は誰でも期待されれば、無意識にその期待に応えようとします。その期待のエネルギーのプラスのものを「ピグマリオン効果」、マイナスのものを「ラベリングアプローチ」と位置付けています。

○プラスの期待「ピグマリオン効果」

別名「教師期待効果」。教師が期待すれば、その期待に生徒たちが応えようとする効果を指します。

○マイナスの期待「ラベリングアプローチ」

私が、大学時代に犯罪学という分野で学んだ知識ですが、ラベリングとは「レッテル貼り」を意味します。

犯罪は、犯罪者としてレッテル貼りされる者と、レッテルを貼る者との相互作用の中で生み出されるとされます。犯罪者自らの内側の要因よりも、周囲の「あいつはとんでもないやつだから、何かとんでもないことをするぞ！」というような、レッテル貼りから犯罪を起こすとする理論です。

これはどちらも「期待」をしている状態であり、「レッテル貼り」をしている状態です。もちろん、自分に関わる人間たちにはプラスの期待をかけるべきですが、マイナスの期待、すなわちレッテル貼りをすることで、その人たちの可能性を奪ってしまうかもしれないのです。

「いつもお前は～だよな」というようなことを言って、レッテル貼りをし続けると、たとえ悪い期待であっても、その期待に無意識が応えようとしてしまいます。未来を見て、期待してあげるべきなのです。

そうしてあげることで、言われた本人の心を「良い期待でいっぱいにする」ことができます。ですから、子どもには、寝る前に「今日は何かいいことあった？　明日楽しみにしていることは何？」という質問をすることで、明日への期待を膨らませてあげられるのです。

他人にかける「期待する」言葉の例として、女子サッカーなでしこジャパンの佐々木則夫監督の場合をご紹介します。佐々木監督は選手たちに対し、

「持ってるのは俺じゃないよ。おまえたちだ。運の話じゃないぞ。世界で勝つための能力

を、おまえたちは持っているんだよ」（『世界一のあきらめない心』江橋よしのり著、小学館）

という言葉をかけています。名将ならではの言葉といえるでしょう。

ただ、ここでも①の「褒める」と同様、「期待の仕方や、期待をかけるにはどのような言葉をかければよいか」が重要なのではありません。①②は、③にすべてかかってきます。

それでは③を見てみましょう。

POINT

③確信する――口下手でもかまわない

「自信」と「確信」の違いを述べたところでも説明させていただきました。それにしても、この「確信する」という言葉の核心部分を正確に言葉にして伝えるのは難しいと考えています。これは言葉にできない「非言語」の情報だからです。このように大切なことは「非言語」であることが多いのです。

「①褒める」も「②期待する」も、この「確信」があってこそ機能します。言葉だけで表面的に褒めたり、期待してみても、意味はありません。

話している人間が本当に心の底から「確信」してそのように述べているのかが、非常に重要です。なぜなら、その無意識部分が伝わってしまうからです。

「無意識は伝播《でんぱ》する」のです。だからこそ、口下手でもかまわないですし、**重要なのは話し方ではなく、確信**なのです。

この「確信する」という、無意識部分とはいかなるものかを指し示す、非常に参考になる例を次にご紹介したいと思います。

POINT

確信が行為となって現れる

リーダーに必要な確信ということに関して、千葉県にある東海大浦安高校柔道部の実話は非常に参考になります。

高校柔道界の大きな大会の一つに「金鷲旗《きんしゅうき》」があります。この大会は福岡で行われる全国大会なのですが、全国大会なのにオープン参加なため、300を超える高校が参加します。そして4日間にわたって行われるマンモス大会です。

東海大浦安高校は千葉県から向かうため、当然宿泊するのですが、通常、大会終了日の前日までの宿泊とし、大会が終了した時点で千葉に戻るのが普通のスケジュールといえます。

ところが、監督である竹内徹先生は、宿泊を大会最終日までとし、航空券を大会最終日の翌日にするよう指示したのです。保護者や子どもたちに「優勝するんだから、最終日は泊まって、優勝祝賀会をやってから帰ろう」と言ったといいます。

チームはその通りに全国制覇、日本一を果たしました。これこそが「確信」の力といえます。

竹内先生の「優勝するに決まっている」という確信が、優勝祝賀会をするために宿泊を延ばし、航空券を1日先にする行為となって現れました。選手たちにも竹内先生の確信が伝わることで「自分たちは優勝するに決まっている」という確信を生み、お互いに無意識の部分で優勝につながったといえます。

つまり、リーダー（先生、上司、親など）の確信と、非リーダー（生徒、部下、子ども）の確信、二つの確信が必要なのです。

ここで勘違いしてほしくないのは、竹内先生の確信がこのような行為となって現れたのであって、この「行為」だけを真似してもダメだということです。あくまで**必要なのは、選手たちに対する確信**なのです。

竹内先生のご指導は、選手を「信じる」ことで選手自身に考えさせ、いかに「自分でモノを考える選手をつくるか」を大事にしたご指導といえます。

テニスの錦織圭選手も、記者会見で「コーチのマイケル・チャンさんに言われて心に残っているワンフレーズを教えてください」と聞かれて、

「『自分を信じる』というところを、本当に何回も言われたので。特にトップの選手と対戦するときに、USオープンのときも、ジョコビッチと対戦する前の日から、『Believe yourself』（自分を信じろ）、絶対に勝てるというのを多分1日5回ぐらい言われて」（『The Huffington Post』２０１４年11月19日配信）

と答えています。

話は変わりますが、私が柔道指導に行っていた中学校で、会議に出るためのネクタイを特別学級の生徒に選ばせている教務主任の先生がいました。その生徒は「先生に一番合うのを選んであげるね！」と目を輝かせていました。

信頼して任せることも、エフィカシーを上げるきっかけとなるのです。「信頼して任せる」からこそ、それに応えようとする力を生み出します。

私も高校、大学と柔道部主将を務めましたが、高校、大学とも恩師に「練習メニューをどうする？　お前に任せる」と言っていただき、信頼してもらえたことが、大きな力となりました。

東海大浦安高校の竹内先生のような指導者が、スポーツ界のみならず、実業界にもたくさん増えていくことが、日本の未来には必須となるでしょう。

POINT

生徒指導の実例4ケース

私が中学校の外部講師として、柔道体育授業を教えていた際の具体例4つを、みなさんの臨場感を高める意味からご紹介したいと思います。しかし、これもエフィカシーを高める手段として行ったあくまで一つの手法にしかすぎません。

みなさんの「invent on the way」により、みなさんにとってもっと良い方法があることを前提としての、あくまで例としてお読みください。

○ケース1――「できた!」生徒と思わず握手

中2男子生徒に、「前回り受け身」という技術を教えていたときの話です。このクラスのレベルが高かったため、ちょっと上のレベルの前回り受け身を実施しました。

具体的には、体育委員等の生徒にうつぶせになってもらい、それを飛び越えて前回り受け身をするというものです。

ある生徒が「こんなの絶対できない！」と言っていました。この生徒のレベルなら必ずできると私は確信していたので、「君ならできる！　絶対できるから！」という期待を示す言葉をかけ続けたところ、実際にできたのです。そのときには、生徒と私は無意識のうちに握手をしていました。

この生徒に限らず、私は少しできただけでも、生徒たちを褒めていました。柔道の教科書には、腕は何度くらいで、という理論が書かれていますが、重要なことは生徒たちの危険が回避できることです。

多少理論的な部分がずれたからといって、ダメだということはありません。

「先生褒めすぎじゃないの？」と、照れながら声をかけてくれた生徒がいましたが、私は「いやいや、君なら当然の結果でしょ」という言葉をかけました。それにより、その生徒はどんどん技術が上達していきました。

「指導者はできるようにさせる喜び、生徒はできるようになる喜び」

これこそが、教育の原点なのではないかと感じた出来事でした。

○ケース2——元気の良い大きな声と技術習得の因果関係

中2女子生徒に、こちらも「前回り受け身」を教えていたときの話です。男子でも難しい前回り受け身なのに、このクラスの9割が、回転して立ち上がるレベルになったのです。それもたったの30分程度でです。

ほかのクラスと何が違ったのか？　それは、ほぼ全員が「とても元気のよい大きな声であいさつや返事をしていたこと」です。

大きな声を出すことで、やらされているのではなく、自らが能動的に物事に当たっているという主体性を生み出します。その結果、技術を習得することに積極的になったといえます。

いわば大きな声は、「これから行うことに対して、私は積極的に行うんだ！」という「無意識への肯定」を生み出しているのです。

私も講演や研修後、大きな声を出したことで、エフィカシーが上がっていることを実感できます。ただ、人により通常の声の大きさは違うわけですから、「その人なりの大きさ」

でよいのです。

別の表現でいえば、大きな声が出せているということはエフィカシーの高さを表しているともいえます。逆に声が小さいということは、これからやることに対し不安を感じていたり、やる気がなかったりという、エフィカシーの低さと連動する部分があります。

結果的に、高いエフィカシーを得て、一人ができたことにより、「私もできる！」といったプラスのスパイラル効果が出てきて、どんどん生徒たちができるようになっていきました。

このような集団的なエフィカシーを**「コレクティブエフィカシー」**と私たちコーチは呼んでいます。

仕事前の朝礼等で大きな声を出すことにより、結果を出している会社もあります。私自身、大学時代に朝のトレーニングでダッシュなどを行う際、やりたくないなあと最初思っていても、大声を出して行っていると、いつの間にかやる気になっていた、という経験があります。

自分がこれから行うことに対して、積極的に取り組むことを無意識に肯定するという意味で「自分なりに声を大きく出す」というのも、自身のパフォーマンスを発揮する上での一つの手法といえます。

○ケース3――レッテル貼りを外す

ある中学校で、中2～中3までの2年間にわたって授業を受け持った男子生徒たちの話です。正直なところ、この学校の男子は大変難しい状況にありました。

というのも、生徒の3分の1くらいが部室に閉じこもり、授業をボイコット。また、他クラスの金髪の生徒が剣道の竹刀を振り回して乱入したりするなどして、体育の先生は、その生徒たちの対応に追われていました。授業は私一人で行わざるを得ない状況にありました。

そうなると、授業を受けている生徒たちにも、その空気感は伝わります。「さあ受け身をやるよ！」と言っても、「は～い」と気の抜けた返事をして、ダラダラと無気力な動きを繰り返すばかりです。

そう、無意識は伝播するのです。

私が外部講師として派遣されている目的は、怪我をさせないということが一番だったにもかかわらず、この状態では怪我を起こしやすく、非常に危険な状態でした。

私はこのとき、まだ認知科学に基づくコーチングを学ぶ前だったため、生徒たちに「こんな状態じゃ柔道なんてできないぞ！　怪我をしてしまう！　ピシッとしろ！」と大声で怒鳴り散らしてしまったのです。

一時的にそのときだけはピシッとするものの、時間が経つと、また元の無気力状態に戻ってしまいます。幸い怪我人は出ませんでしたが、私にとって、どうすることもできなかった苦い経験でした。

私は彼らに対し、「無気力で、困った生徒たち」というイメージ（＝レッテル貼り）を持ってしまっていました。

その1年後、3年生になった彼らをまた外部講師として指導することになりました。その期間に認知科学に基づくコーチングを学んだ私にとっては、ある意味で試金石《しきんせき》です。

まずはじめに私がしたことは、「やる気がなく、困った生徒たち」という彼らへのイメージ（＝レッテル貼り）を一度壊し、フラットな状態にすることでした。

そして、みなさんが聞くと、傲慢《ごうまん》なやつだという認識が生まれてしまうかもしれませんが、自身のエフィカシーから、「自分が教える生徒に、できない、ダメな生徒なんているわけがない」という気持ちを持ったのです。同時に、生徒たちに対しても**「彼らなら絶対できるに決まっている」という認識に改めた**のです。すなわち、生徒たちに対し、前述した「確信を持って期待」したのです。

実際に授業が始まると目覚ましい変化が起きました。半年後になっても部室にこもっていた生徒たちは多くいましたが、クラスの空気が変わったのです。

以前は、部室にこもっている生徒たちの無気力な空気が、授業を受けている生徒たちにも伝播し、影響を受けている印象でした。しかし、その空気が逆転し、授業を受けて楽しそうに大きな声を出している生徒たちの空気の方が主流となり、逆に部室にこもっている生徒たちの方が、反主流という空気となりました。

ただ、これは当然ですが私の力だけではなく、半年間生徒たちのために尽力した先生たちのおかげもあっての話です。いずれにせよ、おもしろいことに、そのうちにそれまで部室にこもっていた生徒たちが一人二人と出てきて、授業に参加するようになったのです。

教務主任の先生は私の変化に気づいたようで、「菊池先生、何かされたんですか」と、質問されました。もちろん、胸を張って、「認知科学に基づくコーチングを学んだんです」

と答えさせていただきました。

そして、私にとってうれしかったのが、授業終了後、ある生徒に「先生、次柔道の時間何やるの？　早く次のやりたい！　柔道楽しいよ！」と言ってもらったことです。

逆に私自身が生徒たちにエフィカシーを上げてもらったな、と感じる出来事でした。

グングン生徒たちが上達する中で、目を見張る出来事が起きました。バスケットボール部の生徒が、柔道部の生徒の抑え込みから脱出して、逃げたのです。

この中学校の柔道部は県内で優勝するほどの力を持っていますので、生徒たちの成長には本当に驚かされました。

また、ある生徒はクラスの寝技選手権で優勝したことから、「柔道部に入りたい」と申し出てくれました。しかし、もうその時期は3年生の10月で、中体連（日本中学校体育連盟）の試合はすべて終了していました。

私としては、もう少し早くコーチングを学んでおけば、と悔しい部分もありましたが、そのときは町道場を勧めておきました。「自分にもできる！」と思ったからこそ、柔道部に入りたいと彼は言ったのです。

「自分にもできる！」という思いを、体育としての柔道だけではなく、勉強や部活動などあらゆる場面で持つことが、エフィカシーを高くするということであり、その思いを持たせることが、教育の本質だと思っています。

ちなみに、剣道の竹刀を振り回していた金髪の生徒とも、多少交流が生まれました。こちらから「おはよう！」と声をかけると、冗談で私のお腹を触りながら「おいっす！」と照れながら、あいさつをしてくれるようになったのです。先生たちとその生徒の話題になったのですが、「本当はいい子なんだけど、親の問題で…」と口を閉ざしてしまいました。

親の与える影響はやはり絶大だといえ、もう少し接点があれば…と残念に感じました。

この学年からは、最終授業で一人一人のメッセージが書かれた色紙を手渡され、今も宝物として大切に保管してあります。私の方こそ勉強させてもらったと感じる生徒たちでした。

○ケース4――ADHDの子どもに対して

ケース３の中学校で、私は特別学級のクラスも担当していました。外部講師によっては断るそうですが、断ることは自分らしくないという思いから、引き受けていました。

その中で、ある中１の生徒がＡＤＨＤ（注意欠如・多動性障害）の症状がひどく、何か自分にとって気に入らないことがあると、机を投げつけたり、大暴れしてしまうというのです。１コマの授業の最後までもったことがないと、先生よりお話をうかがいました。

仮にＡ君とその生徒を呼びますが、Ａ君と話をした際、「僕は小学校のとき、普通のクラスに入っていたんだ」と話してくれました。彼にとっては、それが心の拠り所となっていたのです。

これはＡ君だけに限ったことではありません。特別学級にいる生徒たち全員に共通していたことですが、特別学級にいるという現実により、自分たちは普通学級の生徒たちより劣っているんだと無意識に感じてしまっているようでした。

これは非常にエフィカシーが低い状態だといえます。

そこで、私はＡ君を含む生徒たちのエフィカシーを徹底的に上げることを念頭において、授業を行うようにしました。少しでもできると、「Ａ君らしい！　さすがだ！」と褒め、逆に途中で止めたり、やらなくなったりしたときには、「あれ？　Ａ君らしくないんじゃない？」と励ましたのです。

すると、1コマの授業の最後までもったことがないというA君が、私の授業の終わりまでがんばってくれたのです。当然、そのことも絶賛しました。

すると、彼は「僕、本当はバスケットボールがしたいんだ」と話してくれました。「じゃあ、やってみたらどうかな？」と勧めたところ、「でも、いじめられるかもしれないしさ」と彼は言いました。

そこで、「A君なら、当然できると思っているよ」と私は話したのです。

「そうかな。先生、いなくならないでほしいな」と彼に言われたときは、私も後ろ髪を引かれる思いでした。

A君は、私が最終授業を終え、その学校を去る日に、きちんとあいさつに来てくれました。

ちなみに水泳のマイケル・フェルプス選手が、ADHD（注意欠如・多動性障害）だったことは前述しました。中学校の先生だった彼の母親が、学校の先生たちから「マイケル君にはこれをやらせるのは無理だ」と言われるたびに、それに対して「あなたは彼を助けるために何ができるのですか」と言い返したと、振り返っています。

マイケル・フェルプス少年がＡＤＨＤと診断されたことは、母親の心を打ちのめしました。しかし、彼女は「そんなことは間違っている！　私はそのことを証明したい。私は、私とマイケルが一緒になって取り組めば、きっと彼が望むことのすべてを成し遂げることができるということを知っている」と発言しています（参考・「ADDitude」というＡＤＨＤに関する雑誌のウェブサイト）。

これこそが「確信」なのです。表現を変えると、**理由なんかなくても、信じ続ける**ということなのです。

セルフトークのところでも述べましたが、やはり「言葉の力」は絶大です。

外部講師として指導した特別学級の生徒たちとは給食を共に食べ、おかわりをするために、給食が余っている職員室まで一緒に行ったりするなど、とても楽しい時間を過ごしました。

今はその中学校に赴いていませんが、彼らがその後の道でも、活躍していることを願ってやみません。

POINT

部下がうまくいったら「君らしい！」、何か失敗したら「君らしくない！」

ケース4で、言葉の持つ力について述べましたが、2012年11月から、柔道全日本男子の監督に就任した、シドニー五輪男子100キロ級金メダリストの井上康生《こうせい》監督の選手に対する言葉がけも、大変参考になります。

以下、2013年の世界柔道選手権（8月26日～9月1日、リオデジャネイロ）で、金メダリストとなった3人の選手への言葉がけです。

・60キロ級　高藤直寿《たかとうなおひさ》（東海大）選手に対して

「俺の監督最初の世界チャンピオンになってくれ。約束だぞ」（「スポニチ・アネックス」2013年8月29日配信の記事）

※高藤選手は、高校・大学と井上監督の後輩であることから。

・66キロ級　海老沼匡《えびぬままさし》（パーク24）選手に対して

〈「強い気持ちが素晴らしい。ここにたどり着くまでに並大抵でない苦しさがあったと思う。その経験が決勝でも心折れずに戦い抜けた要因」（中略）「おまえは世界一になるにふさわしい人間だ」〉（同前）

※後日、海老沼匡選手は、「『おまえは世界一になるにふさわしい人間だ』と言っていただきました。絶対の信頼を寄せている井上先生にそう言っていただくと僕の自信にもつながりますし、背中が押された気持ちがあります」とのコメントを残しています。

・73キロ級　大野将平（当時、天理大）選手に対して

「お前の時代を作れ！」（「ZAKZAK by 夕刊フジ」2013年9月3日配信の記事）

どれもすばらしい言葉がけの数々です。

すぐにそんな言葉は思い浮かばない、というリーダーの方は、非常にシンプルな次の言葉をぜひ使ってもらえればと思います。

○部下が何かうまくいったら…「君らしい！」
○部下が何か失敗したら…「君らしくない！」

こういう言葉をかけ続けることが、部下のみなさんのエフィカシーをどんどん高め、組織としての力を大きく伸ばすことにつながります。

別に部下だけではなく、お子さんや、監督として預かる選手たちにも、すばらしい未来を映像化、想起させるような言葉をかけ続けることで、どんどんエフィカシーを高めてほしいと思います。

POINT

所属するチーム（組織）を最高だと思っていますか？

中学校のケース2で、一人ができると、「私も私も！」と次々にできる生徒が増えた例を紹介しました。その際の説明として、集団的なエフィカシー、すなわち「コレクティブエフィカシー」の話をしました。

高いエフィカシーの人たちが集まり、「私たちはすごい集団なんだ！」と思っている状態なわけですが、このように、すごいチームに自分たちは所属しているんだ、という「チームへの自尊心」を持たせることも重要です。

リーダー（先生、上司、監督）は非リーダーたちに「自分たちのチームはすごいんだ！」という認識を持たせていますか。自分の所属するチームが価値あるものだという認識は、とても大切です。

私は学生時代、自分が中央大学柔道部に在籍していることを、とてもうれしく思っていました。なぜなら、恩師が柔道の強さばかりを求めるのではなく、礼儀も徹底指導し、強さと礼儀は車輪の両輪であることを強く我々学生に説いており、その環境を最高だと思っていたからです。

テニスの錦織圭選手は、トップ選手が集まるフロリダに今自分がいるということに関して、次のように述べています。

（フロリダにいることで）「自分も世界のトップの選手の一員なんだと自然に思える」（「天才アスリート世界への階段～みらいのつくりかた新春スペシャル」テレビ東京、2015年1月1日放送）

非リーダーたちが、「自分たちは最高のチームにいるんだ！」と思えるようなチームづくりを、リーダーはしていく必要があるといえるでしょう。

POINT

強いチームを生み出す独自の仕組み

私が柔道の現役時代に、実際に目の当たりにした、独自の仕組みを持っている強いチームをご紹介したいと思います。

現在、アテネ五輪100キロ超級金メダリストの鈴木桂治《けいじ》監督が率いている「国士舘大学柔道部」です。ほかのチームでは行っていない、独自の稽古方法を行っているのですが、これは強いチームをつくる上で、コーチングの観点からみてもすばらしい仕組みであり、参考になります。

学生柔道の日本一を決める団体戦には、前述した無差別で行われる「全日本学生柔道優勝大会」や、そのほかに体重別で行われる「全日本学生柔道体重別団体優勝大会」があります。

国士舘大学柔道部ほどの名門であれば、高校時代には各都道府県の代表として活躍した部員たちがほとんどなのですが、そのような部員たちが数十名いる中でも、これらの大会のレギュラーとなれるのは、ほんの一握りです。

普通に考えると、高校時代に活躍していた部員が、レギュラーになれない時点で、柔道への情熱を失ったり、あきらめたりといったムードが蔓延して、全体の士気の低下を招く恐れも十分あるのです。しかし、国士舘大学柔道部ではそのようなことはなく、抜群のチームワークで過去に6度もこの大会を制しました。2005~2007年には3連覇を成し遂げています。

そして、独自の稽古方法についてですが、監督は「レギュラーではない部員」たちに、「ある目的」を与えたのです。

柔道の稽古方法に、「元立《もとだ》ち」といわれる稽古方法があります。これは試合形式の稽古方法である「乱取り」稽古を「元」として、休みなしで相手を替えながら続ける稽古方法です。

この元立ち稽古中、監督はレギュラーである7人の稽古を同時にすべて見ることは難しいため、「レギュラー選手たちへの指示出しや鼓舞《こぶ》」という役割を、この「レギュラーではない部員」に与えたのです。

レギュラーの立場からすると、疲れてきたときに、レギュラーではない部員たちから「おい！　いけよ！」などの叱咤《しった》激励を受けることで、「なにを！」という気持ちになるなど、発奮材料となります。レギュラーではない部員たちの立場からすると、監督から目的を与えられている以上、気は抜けないわけです。

このことにより、道場全体の雰囲気も引き締まり、よりよい循環を生むといえます。

日本一を勝ちとったときには、監督はレギュラーだけではなく、レギュラーではない部員たちにもねぎらいの言葉をかけ、「お前たちのおかげで勝てた」と伝えたそうです。そうすることで、彼らはレギュラーとして日本一ではなかったかもしれませんが、「自分たちは日本一のチームの一員であり、日本一を達成するのに貢献したんだ」と思うことができます。

そうやって高いエフィカシーを維持したまま社会人になることで、次のステージでの活躍が期待できるのです。

POINT

全国制覇、日本一を達成した組織改革

私は大学3年時に、「全日本学生柔道優勝大会」という大会で、団体戦ながら全国制覇、日本一を経験することができました。しかし、この予選会となる東京大会ではチームは惨《ざん》敗《ぱい》を喫し、本戦までの1か月間、監督と主将、主務による組織改革が行われました。その結果、本戦では初戦からチームの勢いが凄まじく、一気に頂点まで駆け上がることができました。

その組織改革が、今思い返すと強い組織をつくるという観点から、非常に参考になるため、ご紹介したいと思います。

この「全日本学生柔道優勝大会」は、大学柔道界で日本一を決める大きな大会の一つで、7人制の団体戦となっています。「先鋒《せんぽう》、次鋒、五将、中堅、三将、副将、大将」という

配置になります。

一般的に団体戦というと5人を想像される方も多いと思いますが、7人であるがゆえの難しさが出てきます。この7人の体重は無差別のため、体重に関係なく、その大学で強い7人がレギュラーである、といえます。

また、オーダー（順番）は毎試合変更することが可能で、大将＝主将というわけでも、大将＝一番強い人というわけでもありません。戦略的にどこに配置するかを監督は考えなければならないのです。

例えば、「相手のエースに対して、こちらの7番手の選手が引き分け」たりすると、勝ちに等しい価値を生み、勝つ流れをつくることができます。そのほか、「先鋒にエースを配置することで先勝し、チームに勢いをつけさせる」など、様々な戦略があります。

柔道で難しいのが、対人競技であるために「この選手は強いのだが、こういうタイプの選手には弱い」などの特徴が存在することです。また、「その日のチームの勢い」や、「選手の好不調」など、監督は様々な要因を読み取ってオーダーを考えなければなりません。

そういう難しさのある団体戦ですが、当時（2000年）、私の母校である中央大学柔道部は、3年連続全国3位の位置にいました。予選となる東京大会でも優勝候補の一角となっていましたが、準決勝にて惨敗を喫してしまったのです。

そこで、監督であった津沢寿志先生（元中央大学柔道部監督）と、主将・主務の先輩3人で、本戦までの1か月の間に何ができるかを話し合い、組織の改革に着手しました。出稽古を積極的に行ったことや、トレーニングメニューの改革もあったのですが、そこではない部分の2点を次にご紹介したいと思います。

日本一を達成するために行った組織改革

①チームが日本一になるために、自分ができることを、レギュラーではない人間も含め、紙に書いて寝床に貼る

②下級生が力を発揮できるようにするため、トイレ掃除など一番きつい雑務等を上級生が担当する

①に関しては、主務の先輩の提案から実現したことですが、前述した「アファメーション」に近いものがあります。毎日この紙を見ることで、「日本一になることが自分にとって当たり前」であるという「セルフイメージ」をつくるのに役立っていたと考えられます。

また、レギュラーではない部員からしてみても、試合に出るのは選手だから俺は関係ない、などといった他人事ではなく、自分も日本一を形づくるチームの一員として、できることを行うんだという自覚が生まれていたと感じています。

②は、「社会人になることに一番近い上級生こそ、トイレ掃除等の雑務をやるべきだ」という、津沢先生の指導方針もありました。このことにより、先輩後輩関係なく、信頼関係は高まったと思います。

津沢先生はこの大会の優勝後、雑誌のインタビューで、こう述べています。

「今年のチームは史上最強ではないんですよ。でも、史上最強のチームワークを持っている。そのことが一人一人の闘志を支えてまとまった力になったのではないでしょうか」と。

「俺たちならできる！」という目に見えない組織としての強い力、すなわち「コレクティブエフィカシー」の集団とはどのようなものなのかを、目の当たりにした経験でした。

「史上最強のチームワーク」を発揮し、中央大学柔道部としては24年ぶりの日本一という、頂点まで駆け抜けた経験は、今も深く心に残っています。

POINT

認知科学に基づくコーチングを学んだプロコーチの役目

本書では様々な事例をもとに、その裏に流れているメカニズムを述べてきました。

今後は、みなさんがそれぞれのチームで、私たちプロコーチと同様の役割を果たしてほしいという思いから、認知科学に基づくコーチングを学んだプロのコーチとは一体何をする人なのか、改めてまとめとして述べておきたいと思います。

認知科学に基づくコーチングの本質は、たとえるなら、**誘導ミサイルを標的に当てるためのレーザーポインターをつけること**といえます。

クライアント本人がどこに行きたいのか、自分で行きたいところを定めてもらい、そのゴールにレーザーポインターを当ててもらうことを、私たちコーチは促すのです。

特に1対1で行う「パーソナルコーチング」でいえることですが、コーチングは「相談」や「雑談」ではありません。クライアントが、まだ言葉にすらできていないようなゴールを言語化するのを促し、本人自身も気づいていないような複数のゴール（バランスホイール）を見つけるお手伝いをするのです。

そのために、

①エフィカシーを上げ、
②今の自分とはかけ離れた遥かなゴールを設定し、
③そのゴールが、他人の刷り込みから生まれたゴールではないかを確認するのです。

そして、コーチはクライアントにとって圧倒的に「いい人」、徹底的に味方になることが必要です。無意識的には、いつも一緒にいてあげる感覚といえます。

コーチング中のコーチとしてのゴールは、クライアントのゴール達成のみです。クライアントの利益になることだけに集中することで、ある意味、「本人以上」にクライアントの味方になるのです。

コーチはクライアントのゴールが、現状と比べてどんなに遥か遠いものだったとしても、当然達成できるものとして確信しています。そのためにコーチには高いエフィカシーが求められます。

確信が相手に伝わることは前述しましたが、それは無意識にまで落とし込めていて初めて伝わるのです。

コーチの高いエフィカシーによって、クライアントが自身のセルフトークを無意識に、より良いものに更新し続けることで、新しいセルフイメージがつくられ、エフィカシーが高くなります。

私たちコーチは、クライアントの過去に興味はありません。未来にしか興味はありません。ただ、過去に興味はないといっても、そのクライアントの過去の出来事について、否定すべきものは何一つありません。過去も含めて徹底的に肯定してあげます。

ある意味、クライアントは「過去の集大成」であり、コーチは**「クライアントがゴールを達成している未来から来た人」**といえます。どちらが勝つかの臨場感の戦いといえます。

また、コーチングはリーダーをつくるメソッドであり、誰でもいつでもすぐにリーダーが務まるようなチームをつくっていくことができます。

リーダーとは、「チーム内の基準」、もっと視点が高ければ**「世の中の基準」を変えることができる人**です。認知科学に基づくコーチングはその「基準」を変える役割を果たしま

す。つまり、「基準」を疑うのがコーチなのです

そして、私たちコーチは、「リーダーを育てる人」であり、私たちがリーダーとなるわけでは決してありません。みなさんがリーダーとなるのです。

強力なリーダーとは、

①現在の「基準」を壊し、

②現在よりも視点の高い「代わりとなる映像（リプレイスメントピクチャー）」を見せ、

③「過去のwhy」を壊し、「新しいwhy」を作る

それを実行する人です。

「過去のwhy」を壊し、「新しいwhy」を作るとは、今まで問題となっていた部分に対し、既存の考え方や視点、アプローチでは解決できないことを示すことです。そして、そこではない新しい部分にこそ、本当に取り組むべき課題やゴールがあることに気付かせることで、違う世界を見せるという意味です。

みなさんが、それぞれのリーダーとして活躍されることを期待します。

ここまでコーチングに関して述べてきましたので、次章では私の願いを込めたお話をさせていただきたいと思います。

LET'S LEARN
THE MIND POWER
OF THE WORLD'S BEST ATHLETES

最終章

アスリートたちがつくる新しい日本へ

―2020年東京五輪、さらにその先の未来へ向けて

POINT

アスリート引退後の「選択肢の欠如」は、日本の損失である

最後の章では、私の願いを込めたお話として、未来の日本においてぜひ実現してほしいことを述べたいと思います。

この話は私の中の、ある「仮説」からスタートしています。それは、

「今まで日本では、アスリート出身者の持つ潜在的なエネルギーを、経済界に顕在化させる仕組みが存在しなかった。その結果、日本国家として潜在的な経済成長の機会を失ってきたのではないか」

というものです。

現在、日本のスポーツ競技界における最大の問題点は、「アスリートのセカンドキャリアの選択肢が狭い」ことであると私は考えています。

特定の競技に長年打ち込んできた選手がセカンドキャリアを考えるとき、本質的に優れた能力を持ちながらも、同一競技に関連する職業以外の選択肢が存在しない、あるいは、

ほかの職業に対する知識がないために、ほかの職業に就くことが選択肢にのぼらないというケースが大多数を占めています。

これは「アスリート出身者の持つ高いエネルギー、ポテンシャルを日本社会に活用する仕組みが機能していない。それにより、日本経済の潜在的な成長を奪っている重大な損失」と見ることができます。

実は私自身、この「コーチング」に出会うまでは、長年、企業で人事労務の分野の仕事をしていました。大学卒業後に入った実業団で、柔道の稽古半分・仕事半分という状況の中で、一番初めに配属されたセクションが、人事労務を担当するセクションだったからです。

私はここで経験したことが本当に楽しく、以後、人事を極めていくには、まずは給与計算が最低必須と考えました。そこで独学で給与計算に必要な社会保険や税金の知識を学び、数社の人事担当者として仕事をしていました。

これはその職種を「知った」から、「おもしろい！　この仕事をし続けたい！」と思えたのです。

以後「コーチング」に出会い、それが自分にとっては「天職」と思えたため、このコーチという職業を選んだわけですが、今でも人事労務の仕事は好きです。

アスリートが自分に適した職種を知る機会をつくるのに、私が顧問の一人として名を連ねる「NPO法人スポーツ業界おしごとラボ」の「すごトーク」という事業は、その一助になると思っています。

「すごトーク」とは、スポーツ業界人をゲストに招き、毎回テーマを持って、少人数制の座談会を行うものです。少人数だからこそ、直接業界人に聞きたいことを聞ける機会となっています。

スポーツ業界の人が幅広くゲストとして招かれるので、アスリートだけがゲストというわけではありません。しかし、「新しい知識を得たり、新たな体験をするため」に、座談会のスピーカーとしてアスリートがゲストで招かれても、または座談会の参加者として聞き手側に回っても、そのどちらの立場であっても、自分の新しい可能性が開けるかもしれないメリットがあります。アスリートにとって、新しい知識や体験を促す価値ある仕組みであることは間違いありません。

ですから、この「すごトーク」を広めていきたいと思っています。

参考・NPO法人スポーツ業界おしごとラボ（理事長・小村大樹）［http://sgolab.or.jp/］

私のまわりで、スポーツ競技者として現役時代にすごく輝いていた人が、競技を終えた次の人生で、その仕事に対してのミスマッチから、エネルギーを発揮しきれず、輝きを失っているケースを実際に何度も見てきました。これは、私自身アスリートだった人間として、非常に残念に思います。

実業団の中には現役引退後も、そのままその企業に残ることができるという仕組みを持つ企業もあります。しかし、その企業に残ることが、ひょっとしたら本人にとって最良の選択肢とはいえない可能性もあります。

同時に、スポーツ選手の将来の選択肢が限られていることは、優秀な潜在能力を持つ青少年がアスリートになることそのものにブレーキをかける要因となっているともいえます。

親のみならず、本人ですら、「プロのスポーツ選手になりたいけど、仮になっても現役引退後の生活が読めないからなあ」などと、夢を持つことをあきらめてしまう一因となりえるからです。

アスリートは様々な体験を現役時代にします。その経験の豊富さと、自分を信じ競技に情熱をかけてきた「エフィカシーの高さ」があるからこそ、ほかの世界に行っても本来なら価値を損なわないはずだと思っています。

私の知人のあるアスリートが、こんなことを言っていました。

「アスリートは負けることにより、大勢の人の前で恥をかいている。普通の人間はそんなに大勢の前で恥をかかない。そこから立ち直って、様々な方々との信頼関係を取り戻し、また復活し、競技を続けるから、普通の人にはない価値がある」と。

その通りだと思います。

このような話をすると、引退したアスリートを助け、大変な状況から彼らを保護する仕組みづくり、いわば「セーフティーネット」の話としてとらえられてしまいがちなのですが、そうではありません。

大事なのは「これからの新しい日本をつくっていく過程で、**アスリート出身者の持つ優秀な能力を、各産業に活かせるよう指導し、リーダーとして日本の成長と発展を支える人材を輩出する**」ということなのです。

POINT

日本の成長と発展をもたらすアスリート出身者の育成に向けて

そのために、優秀なアスリート出身者が、多様な職業で能力を発揮できる環境・仕組みがほしいのです。この仕組みにより、アスリート出身者の高いエネルギーが、日本社会の活力として最大限に機能することから、

○すべての年代のスポーツ人口の増大
○予防医療への注力と健康増進による生涯現役化

によい影響を及ぼすでしょう。これらに伴って、

○各競技における選手能力の底上げ
○全年齢層での活力増大

も実現されるでしょう。

○周辺産業の需要増加

最終的には、「全産業の活性化と発展を実現する」ように、様々な箇所にその効果が波及し、いわば日本の全方位における成長と発展をもたらす「起爆剤」のような役割を果たす可能性が、アスリートたちには秘められていると思っています。

また、日本の学生が学ぶ系統分類に「理系」「文系」「体育会系」等がありますが、本来これらは区別されるべきものではありません。すべてを併せ持つ「偏りなく優れた人財」(財産・宝としてのジンザイという意味で人財という字を使っています)を輩出する環境を整えるべきだと考えます。

これに関連して思うのは、海外では実在している五輪・プロスポーツ選手出身者の医者や弁護士が、日本にはほぼいないということも、日本の現状を物語っていると思います。総合力の向上が真の有能さを生み出すという観点からも、学生時に「その競技だけを行っていればよい」という考えはもう古い時代のパラダイムといえるでしょう。アスリート出身の人材が、様々な分野でグローバルな新しい世の中をつくっていく要の役割となりうるよう、パラダイムシフトが要求される時代になってきたといえます。

○競技に情熱を燃やすアスリートたちの潜在能力を継続的・総合的に引き出し、競技引退後にもビジネスの主役として活躍できる未来を創造すること

○各競技界・スポーツ界のみならず日本経済・社会全体の発展に寄与することを最大のゴールとした仕組みの創設

この2点を待望してやみません。

私の「invent on the way（ゴールに向かう過程で、達成するための手段や方法を開発していく）」が、まだまだその手段を探している最中のため、今はまだ一例しか示せません。しかし具体的には、次のようなものをパッケージで提供できる仕組みをイメージしています。

パッケージイメージ例

①自分が本当にやりたい職業を見つける

②自分の人生を切り開くマインドの力を学ぶ
③世の中に対し、言葉で発信していく力を養う
④論理的に自ら思考する力を養う
⑤心の健康を保持・増進する力を学ぶ
⑥ビジネス上のマナーを学ぶ
⑦日本経済のリーダーとなるべく、経営者の視点を学ぶ
⑧英語をはじめとする外国語を学ぶことで、グローバルな人材を育成する

特に⑧は、世界を舞台に活躍するグローバルな人材育成ということで、英語をはじめとする「多言語」の習得、国際化の支援も含まれています。

スポーツの舞台は世界中に広がっているため、優れた人材が活躍の幅を広げていく中で、言語の壁に阻まれることを防ぎ、より国際的な舞台で重要な役割を果たしていくことがますます求められます。そこで、母語以外の英語を含む言語の習得や様々な阻害要因を乗り越えるための支援を行うことも、未来において重要な項目となってくることでしょう。

あくまで①~⑧は一例にすぎませんが、これらのようなものをパッケージとしてアスリ

ートに提供できる「国家レベルの仕組みの創設」に向けて、アクションをとり続けたいと思っています。

人生をかけてそのスポーツ競技を行ってきたアスリートたちに、「その競技以外」で、「同じような情熱をかけられる対象」に出会ってほしいと、切に願います。

POINT

「全スポーツ競技の総合案内所」を国家レベルの仕組みとしてつくるべき

「ミスマッチ」ということに関していえば、ここまでは「スポーツ競技の現役を終えた大人の話」でしたが、「これからスポーツ競技を始める子どもたち」に関しても同じことがいえます。

このことに関して、陸上競技の為末大さんが次のような趣旨のことをおっしゃったそうです。

「日本では早くて6歳、多くは12歳までにスポーツを始める。たまたまその地域で盛んな種目を選択しただけなのに、指導者は『一度始めた以上、あきらめてはいけない。やり通せ』と言う。日本で、本人の適性と種目のミスマッチが多いのはこの構図が原因で、しかもこのミスマッチは一生解消されない」

青少年たちが、そのスポーツ競技に出会うのは「偶然」なのです。偶然であるがゆえに、もっと夢中になれ、潜在的な能力を発揮できるような、自分に最も適したスポーツ競技があるかもしれないのです。ところが、日本の場合、様々なスポーツ競技を選択肢の一つとして知り、出会う仕組み自体が存在しないのです。

特にマイナースポーツと呼ばれるスポーツ競技では、知られる機会自体も少ないですし、まさによほどの偶然に恵まれないと、「出会う」機会もないでしょう。

そこで私は、**「全スポーツ競技の総合案内所」のようなものを、こちらも国家レベルの仕組みとしてつくるべき**と考えます。

これまで、優秀な潜在力を持つ未経験者であっても、偶発的なスポーツとの出会いや、周囲の流行・影響者（親・教師・友人等）の嗜好《しこう》などにより、本当の素質や本人の選択によって競技を開始・継続できるとは限りませんでした。

私が考える「全スポーツ競技の総合案内所」は、あらゆるスポーツ競技への総合的な入り口・架け橋となり、様々な競技を体験する場を提供することを想定しています。競技に興味を持った場合は、各競技団体を紹介するなど次のステップを提供していくことも考えています。

これにより、競技に接する際の指導者のスキル不足や、情報の偏りによる誤った導入やスポーツへの敬遠を防ぎ、よりよいスポーツ体験と導入、成長のための様々な支援を実行できる仕組みとして機能させることができます。

POINT

運動が脳に与える影響を知ることで「真のスポーツ立国日本」に近づく

以上、「アスリートのセカンドキャリアを充実させる仕組みづくり」と「全スポーツ競技の総合案内所の創設」の2点について、国家レベルで取り組むべきというお話をさせていただきました。このことは「2020年東京五輪」にも関係してきます。

というのも、東京五輪に関していえば、

①すべてのスポーツ競技の競技人口が増大することで、競技レベルが底上げされ、金メダルを獲得する可能性を高める

②2020年東京五輪を終えた選手たちの次の活躍のステージをつくる

という二つの点を実現できるからです。

2015年10月1日、文部科学省の外局としてスポーツ庁が発足しましたが、これまで述べてきたような仕組みづくりがなされることを待望します。

今後、日本では、スポーツの定義が変わってくるかもしれません。というのも、スポーツ競技以外のスポーツをする目的が、これまでは「健康増進」「趣味」「仲間づくり」等でした。しかしこれからは、それだけではなく、すべての世代、特に「ビジネスパーソン」のビジネスそのものにもおおいに関係してくるかもしれないのです。

『脳を鍛えるには運動しかない!』(ジョンJ.レイティ　with エリック・ヘイガーマン、日本放送出版協会)という本があります。

この本では、「運動と脳の関係」に注目し、運動が青少年たちや大人の学習によい影響

を与えたことに加え、うつや注意欠如・多動性障害、認知症の方へもよい変化をもたらしたという様々な事例が豊富に紹介されています。この本の内容は今までの常識であった「健康のための運動（スポーツ）」という枠組みを超える、新たな可能性があることを示唆しています。

「脳」の活性化に関することですから、全世代に影響が及ぶのです。当然ビジネスパーソンにも影響します。また、社会問題となっている「メンタルヘルス」の観点からも、効果が見込めるかもしれません。

海外のエリートビジネスパーソンが必ずトレーニングをしていることから考えても、今後日本でも「スポーツの意義に関しての転換」の時代を迎える可能性があります。「運動が脳に与える好影響」が周知されていくことにより、アスリートの役割も自然と変化し、さらに重要視されていくことでしょう。そのときこそが、「真のスポーツ立国日本」へ、近づくときなのではないかと期待しています。

最後に、プロスポーツの存在意義というところで、次のような内容の記事を見つけました。それをご紹介して、本書を締めたいと思います。

「日刊スポーツ・コム」２０１５年2月21日配信の記事によると、ジェイ・ビーティー君というセルティックFCファンの男の子がいるそうです。２０１５年1月17日に行われたハミルトン・アカデミカル－セルティック戦でのセレモニーで、ジェイ君はPKを見事に決めました。

ダウン症のジェイ君が、GKの右側へ思い切ってシュートを蹴り込むと、６０００人の観衆からは大きな拍手が湧き起こったそうです。

話はそこで終わりません。ジェイ君のゴールに感銘を受けたリーグ関係者がこのときのPKを、月間最優秀ゴール賞の候補に加えると、一般ファン数千人からの投票で、ジェイ君のそのゴールは10人の候補者のゴールの中で、断トツの得票率でその月の最優秀ゴール賞に選出されたのです！

賞を発表したのは、その前年までセルティックでプレイしたジェイ君あこがれの選手でした。

この記事から、ジェイ君の父マーティンさんの言葉を引用してみます。

「自分の夢を実現できる人間はそうは多くない。でもジェイは私たちみんなの夢をかなえてくれています。これを実現させてくれたすべての人に感謝したい」

ジェイ君のゴールを月間最優秀ゴール賞の候補に加えたリーグの粋な計らいはたたえられるべきですし、ジェイ君に投票した人たちもすばらしいですね。そしてみんなが協力してこうした感動的なドラマをつくり上げていけるところに、プロスポーツの存在意義があるのかもしれないと思わせてくれた出来事でした。

終わりに

講演・研修の終わりに、よく私が使わせていただく言葉の一つに、

「君がどんなに遠い夢を見ても
君自身が可能性を信じる限り
それは手の届くところにある」

があります。

これはドイツの作家であるヘルマン・ヘッセの言葉ですが、「どんなに遠い夢」とは「今の自分とはかけ離れた遥かなゴール」を指し、「君自身が可能性を信じる限り　それは手の届くところにある」とは「エフィカシー（ゴール達成のために必要な自分の能力に対する自己評価）を高くすることで、達成するための手段や方法を開発しながら、達成することができる」というように私は解釈しています。

人生を大きく変革させていく上で、「人との出会い」は重要です。基本的に人との出会

いは「そのタイミングは二度となく、その瞬間をとらえられるかどうか」だと私はとらえています。

私は人生のそのときどきで、すばらしい恩師たちと出会い、本書で述べてきた「コーチング」にも、出会うべくして出会いました。

これは書籍に関してもいえることだと思っています。私は大学時代に、人生を変えてくれた3冊の書籍に出会いました。

『実践メンタル強化法　ゾーンへの招待』（白石豊著）
『スポーツマンのためのメンタルタフネス』（ジム・レーヤー著）
『新インナーゲーム　心で勝つ！―集中の科学』（W・T・ガルウェイ著）

私のバイブルとして擦り切れるほど熟読したこの3冊の本は、自分のゴールを達成するための手段として、大きな役割を果たしました。

私にとってのこの3冊のように、本書がみなさんにとっての「invent on the way（ゴールに向かう過程で、達成するための手段や方法を開発していく）」の一部となれば幸いです。

そして、自身のマインドを変えることで人生が大きく変わるのは、何も有名アスリートだけではありません。誰にでもマインドの力により「望む未来を生み出す力」があるのです。

私はこれからもコーチングのプロコーチとして、常に自身が変革し続けることで、世の中の教育の世界に、影響を与えていきたいと思います。

冒頭でも述べさせていただきましたが、本書で取り上げたような「マインド（脳と心）の使い方」を、なるべく早い年代から学び、自身の可能性を広げてもらいたいとの思いから、私たちコーチは青少年・アスリート対象の次世代教育プログラム「ＰＸ２《ピーエックスツー》」の普及活動をボランティアで行っています。あくまで青少年がメインのため、受講できる対象者は限られていますが、ぜひホームページ（http://bwf.or.jp）に遊びに来てください。

きっとあなたのマインドを変えるヒントが見つかることと思います。

本書執筆にあたり、資料集め等にご尽力いただきました、祢津伸吾様、井上昌紀様、ご協力ありがとうございました。感謝いたします。

なお、本稿は「Ｔａｒｚａｎ」（マガジンハウス、２０１４年9月25日号〜２０１４年12月11日号）に連載したコラム「Mind Science」を大幅に加筆して１冊の書籍にしたものです。

最後に、私が実家にいた中学時代まで、共働きの両親の代わりに私の面倒を見てくれ、大変かわいがってくれた最愛の祖母が、本書執筆中の２０１５年4月14日に永眠しました。

本書を祖母、歌川恵美子に捧げたいと思います。

参考文献・参考サイト一覧

『実践メンタル強化法　ゾーンへの招待』（白石豊著、大修館書店）
『スポーツマンのためのメンタルタフネス』（ジム・レーヤー著、阪急コミュニケーションズ）
『新インナーゲーム　心で勝つ！―集中の科学』（W・T・ガルウェイ著、日刊スポーツ出版社）
『夜と霧』（V・E・フランクル著、霜山徳爾翻訳、みすず書房）
「ライブドア・ニュース」Sports Watch（http://news.livedoor.com/）
「日刊スポーツ・コム」（http://www.nikkansports.com）
「スポニチ・アネックス」（http://www.sponichi.co.jp）
「ZAKZAK by 夕刊フジ」（http://www.zakzak.co.jp）
「THE　PAGE」（http://thepage.jp）

ADHD Parenting Advice from Michael Phelps' Mom (http://www.additudemag.com/adhd/article/1998.html)

「Ｔａｒｚａｎ」（マガジンハウス）にコラム「Ｍｉｎｄ Ｓｃｉｅｎｃｅ」を連載（Ｎｏ．６５７〜６６２号）

著者紹介

菊池 教泰（きくち・のりやす）

1980年、北海道生まれ。中央大学法学部法律学科卒、同柔道部主将を務めた。

6歳より柔道を始める。地方大会1回戦敗退から、メンタルトレーニングを独学で学び、大学時に全日本学生柔道優勝大会で日本一になる。決勝で一本勝ちし、優勝に大きく貢献した。

心の力の重要性を痛感し、世界的権威であるコーチングの創始者、故ルー・タイス氏のコーチングを学び、科学的知見から目標達成のための「マインド（脳と心）の使い方」を伝えるコーチングコーチとして活躍。コンサルティング・研修・講演・パーソナルコーチングの実績は幅広く、中小企業から東証一部上場企業、プロスポーツ選手・指導者、教育委員会等、多くの受講者の目標達成をサポートしている。

また、アメリカ発の学生・アスリート向け次世代教育プログラム「PX2」を教育現場に普及させるべく、ボランティアで活動を行っている。

中学校武道必修化に伴い、外部講師として、体育科目の柔道授業を行う。

日本サッカー協会主催、全国の小中学校で、アスリートが夢を持つ大切さを伝える「夢先生」を務める等、「こころの教育家」として活躍している。

○株式会社デクブリール 代表取締役（http://decouvrir.jp/）
○講道館柔道四段。全日本学生柔道優勝大会優勝、優秀選手。デンマーク国際柔道大会100kg超級優勝。
○文部科学省委託事業の千葉県武道等指導充実・資質向上支援事業・外部指導者
○NPO法人スポーツ業界おしごとラボ顧問
○一般財団法人BWFインターナショナルPX2国際普及推進部長
○公益財団法人日本サッカー協会「JFAこころのプロジェクト」夢先生
○「バッジ」で互いを褒め合い、組織力を高める新時代のシステム「HoooP」監修

超一流アスリートのマインドを身につけて
あなたのゴールを達成する！

著　者　菊 池 教 泰
発行者　武 村 哲 司
印刷所　株式会社シナノパブリッシングプレス

2015 年 12 月 5 日　　第 1 版第 1 刷発行©

発行所　株式会社　開 拓 社
〒113-0023 東京都文京区向丘 1-5-2
電話 03-5842-8900（代表）
振替 00160-8-39587
http://www.kaitakusha.co.jp

ISBN978-4-7589-7015-0　C0011